聚焦语文精彩课堂

冯渊◎著

江苏凤凰科学技术出版社 · 南京

图书在版编目(CIP)数据

聚焦语文精彩课堂 / 冯渊著. — 南京 : 江苏凤凰科学技术出版社，2024. 8. — ISBN 978-7-5713-4557-0

Ⅰ. H19

中国国家版本馆 CIP 数据核字第 2024WV2616 号

聚焦语文精彩课堂

著　　　者	冯　渊
责 任 编 辑	刘文芳
责任设计编辑	孙达铭
责 任 校 对	仲　敏
责 任 监 制	周雅婷
出 版 发 行	江苏凤凰科学技术出版社
出版社地址	南京市湖南路 1 号 A 楼　邮编:210009
编 读 信 箱	skqsfs@163.com
联 系 电 话	(025)83657623
印　　　刷	溧阳市金宇包装印刷有限公司
开　　　本	718 mm×1000 mm　1/16
印　　　张	11.75
字　　　数	180 000
版　　　次	2024 年 8 月第 1 版
印　　　次	2024 年 8 月第 1 次印刷
标 准 书 号	ISBN 978-7-5713-4557-0
定　　　价	42.00 元

目录

阅读期待，以及隐喻

——《峨日朵雪峰之侧》教学实录1

师：会背一两首或者一两句新诗吗？

生：卑鄙是卑鄙者的通行证……

师：好。还有吗？

生：祖国啊，我是你雪被下古莲的胚芽……

师：挺好。接下去。

生：祖国啊，我如果爱你，绝不像攀缘的凌霄花，借你的高枝炫耀自己……

师：串台了。

生：黑夜给了我黑色的眼睛，我却用它来翻白眼。

师：是这样吗？（后来一问，学生真的以为这就是顾城的原诗）

（这是课前关于新诗的对话。前几届学生刚刚熟悉食指、梁小斌、海子、舒婷，新教材里又来了一位叫昌耀的诗人、一首叫作《峨日朵雪峰之侧》的诗）

师：昌耀是谁先不管。设想，同学们现在去青海旅游，如果看到祁连山的雪峰、落日，会有什么感受？

生1：赞叹祖国河山壮丽。

生2：俗气。

师：那你讲一讲。

生2：雪峰、太阳万古长存，登临者在永恒面前不免感到局促。越是宏大的对象，越让人类觉得自己的有限。

师：有道理，你在考虑山峰与人类的关系，是比一般意义上的赞美要多点味道。还有吗？

生：这要看当时的心情。心情不同，看山的感受是不同的。我可能内心一片空白，但是突然来到祁连山脚下，假设是夏天的雨后，突然有通红的落日挂出来，我会觉得庄严肃穆。

师：那我们来看诗人眼中的峨日朵雪峰：

> 这是我此刻仅能征服的高度了：/我小心地探出前额，/惊异于薄壁那边/ 朝向峨日朵之雪彷徨许久的太阳/正决然跃入一片引力无穷的/山海。石砾不时滑坡，/引动棕色深渊自上而下的一派嚣鸣，/像军旅远去的喊杀声。/我的指关节铆钉一样楔入巨石的罅隙。/血滴，从撕裂的千层掌鞋底渗出。

前面我问大家如果与峨日朵雪峰劈面相逢是什么感受，大家的发言中有“赞美说”“大自然崇高说”“以我观物则物皆着我之色彩说”。有了这样的心理准备，我们再看诗人面临雪峰是什么感受，就有可能去鉴别高下了。这个阅读习惯叫作保持阅读期待，有了这份期待，就有了比较、审视的眼光，而不是只被动地接受。

昌耀在攀登。前面几句写征服“雪峰之侧”的艰辛，有决然跃入山海的太阳，有攀登时石砾滑向深渊引起的嚣鸣（像军旅的喊杀声），这些描写能让我们感受到雪峰的刚硬、太阳的悲壮。“我”

向上攀登的艰苦卓绝，与“太阳跃入山海”“石砾滑坡”的向下形成了强烈对照。昌耀不只是赞美山河壮丽，也不只是感叹自然崇高，他用尽了全部精力，往上攀登；所以太阳和雪峰其实不是作者要着力描摹的对象，而是攀登和征服的背景。

当作品与我们的阅读期待不一致时，正是审美被激活的时候。如果昌耀笔下的雪峰和太阳一如同学们的设想，我们可能会觉得不过如此；而当我们带着欣赏同类题材诗歌的心理准备来欣赏这首诗歌时，阅读期待会使我们的眼光变得敏感乃至尖锐起来。如果作品经受住了挑剔的眼光，满足了审美需求，我们的阅读快感就会更加新鲜、深刻，因为我们是有备而来的。

所以，昌耀是在写他自己，而不是写雪峰与落日。再往下看，你们还有疑问吗？

生1：我想问老师一个问题，有谁爬山时“指关节铆钉一样揳入巨石的罅隙”？有谁爬山时脚下会渗出血滴呢？

生2：山民、采草药的人，还有专业登山运动员可能会这样。

生3：可昌耀不是。

生4：这是写诗，不是写实。

师：许多人说读诗歌一定要抓住意象，因为诗歌是意象的艺术，没错。但是读诗还有许多其他的技巧。譬如，这位同学说的“写诗不是写实”。昌耀可能并没有登山，就像范仲淹没有登临过岳阳楼一样。这首诗并非“记游”，诗人也许根本没去登山，那一天，他偶一抬头，只是在群峰之间多看了太阳一眼，他的想象就沸腾了。

所以，读现代诗要注意其中幻想、隐喻手法的运用，要关注这种手法造成的阅读上的跳跃感，要去思考诗句的象征意义。注意，这里说的象征和隐喻不是我们熟知的托物言志，昌耀并未将他的思考集中于某个具体的物象，然后再赋予它某项意义，这在传统的文学作品里太常见了。这首短诗有很多意象，但没有所谓的核心意象，它让不相干的事物产生相互作用；诗人通过这些意象，隐喻了另一个自己，仿佛镜中的自己。

生：老师说得有点玄。

师：那让我们回到问题本身："指关节铆钉一样楔入巨石的罅隙。/血滴，从撕裂的千层掌鞋底渗出。"诗人没有必要这样爬山。这样的描写应该另有所指，另有暗示，隐喻了诗人当时的处境和心理状态。

生：诗歌就是写诗人的处境和心理状态的吗？

师：也不能这样说，任何试图用一句话概述诗歌全部内涵的想法都是徒劳的，我们只能这样描述：诗歌可能是瞬间的感受，或是一种情绪；也许是长期以来某种境遇带来的心理沉积，诗人终于找到一个突破口，将自己的苦闷、欢乐、追逐、梦想凝结在一起，用象征、隐喻的形式展示出来；当然还有可能是某种理性的思考，或者仅仅表现一种趣味……

生：老师，昌耀用"铆钉""血滴"描绘爬山，他一定经历了我们难以想象的事情吧？

师：如果读其诗而想见其为人，说明阅读已经从表层进入了诗歌的肌理。诗人的心灵可能是这个世间最复杂深邃、最奥妙无穷的，值得我们不断探索。

好了，下次再说。

雪豹、雄鹰，或者蜘蛛

——《峨日朵雪峰之侧》教学实录2

师：昌耀是个独特的存在。

朦胧诗兴起的时候，他在热闹的诗歌圈之外，在万里之外的青海湖畔，一个人独自写他的诗。

> 他是湖南人，14岁弃学从军，次年奔赴朝鲜战场，两年后身负重伤；回国后，他响应建设西部的号召去了青海；21岁因发表一首小诗被“打入另册”；等他重获自由返回诗坛，已经43岁了。这期间他一直在写诗，在与诗坛隔绝的环境里坚持自己的探索。困窘中他与一位藏族姑娘结婚，生了三个孩子。后来，他与一位比他年轻很多的女诗人恋爱，这场无疾而终的爱情使他与妻子在逼仄的家庭空间里过着分居生活。2000年他64岁时，因无法忍受癌症的剧痛跳楼自尽。

昌耀大半辈子在青海，作为诗人留下了几百首诗作。我用两百多字就说完了昌耀的一生，但是，他在跋涉苦难的岁月时，每一天对他来说都是沉重的。

1962年8月2日，黄昏，昌耀劳作归来，一向沉默寡言的他在灰扑扑的人群里，也是最不起眼的那一个。青海的八月不热，太阳不毒，远处的祁连山上还有皑皑积雪。他抬头看了一眼落日，他的眼神是犀利的，瞬间有光芒在他眼里闪烁。就是这一瞬间的凝视，让他从凡庸的现世中抽离出来。他“渴望有一只雄鹰或雪豹与我为伍”。他的内心一直住着“雄鹰或雪豹”，而眼下，他以“戴罪”之身在荒芜的祁连山腹地从事农垦，所以有“我的指关节铆钉一样揳入巨石的罅隙”这类残酷的联想。

内心高傲的自我期许，外部冷漠的蔑视践踏，必然在诗人心中造成强烈的矛盾；有了这种冲突，诗人心底那炽烈之火就永远不会熄灭。

总有一些才华卓异之人，命运之神就是不眷顾他，就是要和他作对。有时是才华卓异者扼住了命运的咽喉，成了人们眼里的英雄；更多的时候，则是命运扼住了才华卓异者的咽喉。

有人会想，与其熬煎自己，不如做一个才智平庸的人，在命运的拨弄下逐渐麻木、逆来顺受，“觉得人生天地间，大约本来有时也未免要‘受苦’的”，那就悄没声息地在大地上度过平凡的一生吧，命运之神说不定就忘记了自己。可是，诗人这时毕竟才26岁。现实的困顿对诗人来说还不是最痛苦的，精神上的牢狱才最摧折人。他必须从内外两种力量的冲撞中走出来，他一丝一毫都改变不了现实，他也不能熄灭内心的火焰，怎么办？

诗人找到了一个富有智慧的突破口，请看这首诗的最后两句，这才是本诗的神来之笔：

但有一只小得可怜的蜘蛛/与我一同默享着这大自然赐予的/快慰。

生：老师，我明白了。我想到了苏轼，“惟江上之清风，与山间之明月，耳得之而为声，目遇之而成色……”

（其他同学不解，瞪眼看他）

生：老师，你不是说他要找到精神上的突破口吗？苏轼本可以成为国之良相，但“乌台诗案”差一点要了他的命。在黄州虽说不算劳改，但日子也好不到哪里去，他最后从清风明月之间找到了自在感，他就不那么痛楚了。就是这样。

师：有点道理啊。苏轼在焦虑中看到了清风明月，化解了痛苦；昌耀在困顿中发现了一只蜘蛛，获得了心灵的平静：最卑微的小蜘蛛也有资格享受天地间的壮美、平和与静穆。不要强行区分雪豹与蜘蛛，在天地的罅隙间，万物都是刍狗。

文学的主要目的是自己说服自己，既艰苦卓绝地捍卫自己，又要不断与自己和解，将生命带向更阔大的领域。我知道你要征服雪峰，但有时，你低下头来，看路上所有不起眼的事物，哪怕是一只蜘蛛，也能获得真实、饱满的快乐。

每个人化解内心冲突的方法是不一样的。昌耀在与蜘蛛的对视中找到了新的平衡。诗人这么年轻，就有这么犀利又这么温和的眼光。换成普通人，早就被日复一日的繁重劳作打趴下了，怎么会去关注巉岩上的一只蜘蛛呢？这是阅读文学作品要关注的另一个问题：我们大都是身处尘世的凡庸之人，如果没有想象，我们沉溺现世也许会很平安，但当遇到被命运捉弄的时刻，我们就没有还手之力了。是文学让我们与尘世做了短暂的间离，当灾难降临，我们也有机会获得灵魂的自由。当然，这句话是说给有灵魂的人听的。谓予不信？看看诗人另一首广为传诵的小诗《斯人》：

静极——谁的叹嘘？/密西西比河此刻风雨，在那边攀缘而走。/地球这壁，一人无语独坐。

生：这想象真有趣啊！密西西比河的风雨与你有什么关系，你还不是在这里没人搭理地独坐？

师：我知道密西西比河的风雨不干我事，但我这样想一想，就不那么孤独了。能在现实层面改造世界，当然了不起；但有时理解和解释这个世界，也很重要。大千世界，你我皆是微尘；如果将自己定位为微尘，我们就不会完全陷溺在自己的痛楚之中；因为视野开阔了，个人得失就“轻”了。我们还能借此看看别样的人生，在相互观照中获得平衡；即使带来新的冲突，至少也不再被眼前的困窘打败。

1962年8月，昌耀在峨日朵雪峰之侧看了一眼雪峰上的落日，写下这首短诗，让我们永远记住了这一刻——微尘就被诗歌铸成了岩石。

一连串的比喻，以及陌生化

——《致云雀》教学实录1

师：陶渊明有一篇《闲情赋》，写他对所爱女子的思慕。这篇赋本意是警诫世人不要沉溺于一己私情，结果却“教唆”了后世无数读者向往他描摹的美好恋情。这叫劝百讽一。

生：老师，他怎么写的？

师：这个问题问得好。怎么写比写什么更重要。陶渊明是这样写的——

> 愿在衣而为领，承华首之余芳；悲罗襟之宵离，怨秋夜之未央！
>
> 愿在裳而为带，束窈窕之纤身；嗟温凉之异气，或脱故而服新！
>
> 愿在发而为泽……愿在眉而为黛……愿在莞而为席……愿在丝而为履……愿在昼而为影……愿在夜而为烛……愿在竹而为扇……愿在木而为桐……

他爱慕女子，想做她的衣领、腰带、发膏、眉黛、竹席、丝履、影子、蜡烛、扇子、古琴，要么是她的衣饰鞋袜、化妆品，要么是她手边的日用百物，总之是要特别亲近。问题来了，他为什么这样不厌其烦？

生：他太喜欢那个女子了。情感强烈时，他要通过絮絮叨叨才能宣泄自己，于是他瞎想一气，这些瞎想只有一个主题——怎么和她亲昵。

师：你揣度得很有道理。这是诗人的十个愿望，用愿做对方贴身的衣饰和日用品表示内心的渴望。与此相似的诗歌还有很多。

生：我想学习。

师：中国古人有这样细针密线、花样繁复的描写传统。

或者用不同意象来比喻事物的某一个方面、某一种状态、某一种特质。如苏轼的《百步洪》中，诗人连用七个比喻，强调轻舟破浪的迅捷："有如兔走鹰隼落，骏马下注千丈坡。断弦离柱箭脱手，飞电过隙珠翻荷。"狡兔奔跑，老鹰飞落，骏马下坡，琴弦崩断，飞箭脱手，闪电飞过缝隙，水珠翻过新荷，为了描写船行水上之"快"，诗人调动想象，呈现出一系列繁复的意象，读者在眼花缭乱中获得了审美享受，也感受了诗人轻捷飞扬的情绪。

或者用不同意象来比喻同一事物的不同状态、特质或侧面。如《诗经・卫风・硕人》："手如柔荑，肤如凝脂，领如蝤蛴，齿如瓠犀，螓首蛾眉。"这首诗的意思是，她的手指像茅草的嫩芽，皮肤像凝冻的脂膏，嫩白的颈子像蝤蛴（天牛的幼虫，身体丰润洁白），牙齿像瓠瓜的籽儿，她有着方正的前额、弯弯的眉毛。"

这些比喻穷形尽相，从一个角度或多个角度描摹了对象局部或整体的特征，这是诗人才情的体现，比喻越丰富，读者的感受越强烈。刚才有同学说可能是抒情主人公有着倾诉的欲望，所以比喻才这么丰富，这种说法没错。诗人调动起各种感官，从不同侧面、不同角度描绘对象的图画，他这样做，一定是与描绘对象有着密切的内在联系。

外国诗人也常常运用这种手法，雪莱的《致云雀》就十分典型。诗人将云雀比喻成轻云、星星、明月、诗人、少女、萤火虫、玫瑰。这七个比喻构成了诗歌的主体，充分展现了诗人对云雀的赞美之情。同学们分别朗诵一下这七个比喻，感受一下这些比喻运用的妙处。

生：老师，我读一下比喻成“星星”的一段（朗读略）。淡紫色的黄昏里，云雀消融在暮色中，这时的云雀如白昼的星星一样看不清了，但诗人仍能听清云雀欢乐的强音。这声音，像强烈的明灯，似银色星光的利箭，哪怕一切都已消散，声音永远留在耳畔。雪莱并非直接将云雀比作星星，而是由于黄昏时仍飞翔高天的云雀身影模糊，才将其比喻为白昼天幕上影影绰绰的星星，然后以声音的强劲与身形的模糊形成对比，突出云雀叫声的清脆。

师：你分析得很好。诗人还将云雀比喻为月亮，突破一片孤云的遮挡，在夜空中把清辉流洒；比喻为诗人，用智慧的歌唱，使世人领会了希望与忧虑的含义；比喻为高贵的少女，夜阑人静时，用幽婉的歌曲减轻爱的痛苦；比喻为金色的萤火虫，在花草丛中闪烁明灭，无形地散发流光；比喻为绿叶荫蔽着的玫瑰，热风裹挟芬芳的香味而去，使“鲁莽的飞贼”被浓郁的芳香熏醉……

这七个比喻给人的审美感受是新异的、不同寻常的，描写对象（云雀）通过这一连串的比喻，实现了从平凡之物到审美创造的超越，让读者获得了全新的感受。

生：老师，中外不同时代的诗人，面对自己喜爱的吟咏对象，运用了同样的手法，这是人类共有的心理吧？

师：也许是的。我们经历的所有情感，其实都是这个星球上不同时代、各个角落生活过的人都领略过的欢乐与痛楚，对此，我们感到欣幸，也会获得抚慰。

生：什么意思？

师：陶渊明用“十愿”表达对爱情的憧憬，十个物件都能亲近女子，十个物件也都有被女子抛弃的时候，物件与女子的有时亲密有时疏离的关系，正好比喻了陷入爱情中的主人公患得患失的心情。（请注意：诗人是以衣领与华首的关系比喻自己与企慕女子的关系，不是将自己比作衣领）当我们有丰富复杂的情感需要表达时，就会想到，这些让我们喜悦或者悲伤的情感，陶渊明、苏轼、雪莱，都替我们用最好的语言形式表达过了。我们的痛苦只是人类荆棘途中的一个脚印，我们的喜悦也是人类欢乐颂中一个小小的音符。（看，我也在运用比喻）所以，学习这些诗歌，能让我们心灵得到抚慰；学习这些表达方式，能让我们在遇到类似的情境时，也有可能成为一个歌者。

生：老师，我想成为一个歌者。

师：好啊。你还要注意，这一连串比喻的运用，不是我们平常说的让陌生的东西熟悉起来，那往往是为了说理；诗歌正好相反，是让我们熟悉的东西陌生起来。这些比喻的目的，是经由吟咏对象产生的一系列想象出来的繁复意象，使读者的审美感受更为曲折与丰富。你有了这个能力，离歌者就不远了。

云雀这么快乐，诗人呢？

——《致云雀》教学实录2

师：2020年高考上海卷的作文材料说——

> 世上许多重要的转折是在意想不到时发生的，这是否意味着人对事物的发展进程无能为力？

这是一个老问题了，问了好多年。但是许多同学还是习惯于回答“是”或“否”。我们动脑筋想一想：尽管世上许多重要的转折是在意想不到时发生的，但是，人毕竟是“会思考的芦苇”，是“宇宙的精华，万物的灵长”，如果人对事物的发展进程完全无能为力，人的存在与一条咸鱼还有什么区别？当我们这样说，是否意味着人对事物的进程能够完全操控呢？

生：不然呢，老师？

师：在永恒的大自然面前，人还是会感到自己的有限。所以，这种问题的答案应遵循的原则是“叩其两端而执其中”。偏执一方的观点看似立场坚定，其实未必认清了生活真相，很多时候是一种颟顸和固执。上述材料揭示了人类永恒的困境：“有限”的人，偏偏要向“无限”迈进。

生：老师，再说明白一点。

师：我愿意再说一遍，也希望同学们记住下面的话，哪怕只是记住这种转折的句式：我们不敢说完全能够操纵事物变幻莫测的进程，但我们从未停止改变事物进程的努力。

生：有道理。我记下了。（默念一遍上边的话）老师，今天说这些干吗？

师：今天我们学习雪莱的《致云雀》也会面对类似的问题。好的诗歌大都不只表现一种单一的情感。我希望同学们养成这样一种观念：对于复杂的观点，不要简单说“是”或“非”；对于深厚的情感，不要简单说“悲”或“喜”。

先看下面一段文字：

> 1822年7月8日，雪莱一行乘船出海，遇到巨浪。这时，船挂了满帆。同在海上另一条船上的朋友向他们呼喊：“快收起你们的帆吧，不然，你们就沉了。”船上，雪莱的朋友做出了降帆的努力，可雪莱好像很生气，用力抓住了他的臂膀。很快，船在风暴中沉没了。这一天，离诗人30岁生日还有27天。

雪莱钟情大海，他认为大海是爱、睡眠和死亡的象征。他歌唱大海，最终归于大海。在他去世前两年的1820年，雪莱写下了广为传诵的《致云雀》。据说这首诗是他谛听着鸟儿在意大利蔚蓝的天空高处欢快的叫声时写成的。我的问题是：《致云雀》中诗人的情感是悲观的，还是乐观的？

生：老师，这算是问题吗？当然是积极乐观的了。诗人借云雀表达自己的内心追求，云雀是“欢乐的精灵”，“像一片烈火的轻云，/掠过蔚蓝的天心”（好美的句子，我真喜欢），“永远歌唱着飞翔，飞翔着歌唱”……云雀的意象这么明媚，这是呼之欲出的乐观啊，老师。

师：你说得没错。雪莱笔下的云雀是“欢乐”与“爱”的化身。诗人赞美它唱出“爱情或是醇酒的颂歌”“迸涌出这样神圣的极乐音流”，希望自己也能像云雀一样，让“和谐、炽热的激情”“流出我的双唇”。我的问题是：诗中的情感是纯粹的快乐吗？是那种一往无前的、酣畅淋漓的、单一的快乐吗？别忘了我前面的铺垫。

生：这首诗里也有复杂的情感？难道不全是快乐？我要想想。

师：我没有说不是快乐，前面我刚说过不要非此即彼。请大家看看，诗歌中只有欢快的声音吗？请大家模仿上面我刚刚说过的句式，写一句话。

生：老师，我是这样写的：

> 《致云雀》的确写出了云雀飞翔的快乐，但欢快的云雀并不一定意味着诗人在现实中也这样心无挂碍地欢愉。诗人把云雀写得这么欢快，可能只是他内心的一种渴望。

老师，我想到了郭沫若《天上的街市》，诗人之所以描摹天上的街市的美丽，是因为看到人间的街市太暗淡肮脏。我还想到了食指的《相信未来》，一个人大喊着“相信未来”，是不是因为他对眼下绝望？

师：是啊。读诗要发现不同的诗作中表现出来的共同的情感以及类似的结构方式或表达方式。你说到郭沫若，我补充一下，郭沫若也很喜欢雪莱，郭沫若说“他有时雄浑倜傥，突兀排空；他有时幽抑清冲，如泣如诉”。这首诗以“欢乐的精灵”开篇，但诗人的情感并非一路高歌猛进，而是回环往复，一些地方还有幽怨，有隐隐的憎恨。你们看看，哪些诗句表现了诗人的这些心情，将这些句子画出来，朗读一遍。

生：诗人用了一连串的比喻赞美云雀之后，到了第十四节，诗人将现实中“赞婚的合唱”“凯旋的欢歌”与云雀的叫声比较，诗人认为，这些赞美的颂歌都比不上云雀“明澈强烈的欢快”，人们总是“瞻前顾后，为了/不存在的事物自扰”，“最美的音乐”也只是“倾诉哀思的曲调”；只有云雀的欢乐如此明澈，没有一丝悲哀。

师：是啊。人类总是笑中含泪、爱中带愁，所有的情感都有杂质，哪里能够像云雀这样全是纯净的欢欣？诗人不满于当时的暴君专制，他渴望人的尊严得到最大限度的重视，所以对受苦的人类有深刻的同情。他太急于改变这一切，因为急切，不免失望；因为热忱，常常悲哀。他不是冷静、有远见、有耐心的革命家，他是热烈、躁动、奔放的诗人。诗人从地上飞翔起来就变成了云雀，云雀叫得如此欢快，那是诗人渴望挣脱矛盾愁苦的歌唱。同学们，飞扬的欢快大多建立在痛苦的底色上：因为太苦闷，才特别想要这种飞翔的、极致的欢乐。诗人这么年轻就过完了自己的一生，他一定是爱就爱得特别深沉、恨也恨得特别强烈的人。诗人从来就是苟且、妥协的敌人，他们总是在痛苦中歌唱欢乐。

作家隐去不写，总是有道理的

——《百合花》教学实录

师：《红楼梦》第五十回中写大观园众儿女一起赏雪作诗。其中写到贾宝玉到栊翠庵里向妙玉讨要红梅，原文是这样写的，我念给大家听听：

> 李纨笑道："……今日必罚你。我才看见栊翠庵的红梅有趣，我要折一枝来插瓶。可厌妙玉为人，我不理他。如今罚你去取一枝来。"
>
> ……宝玉……冒雪而去。李纨命人好好跟着。黛玉忙拦说："不必，有了人反不得了。"
>
> ……
>
> 一语未了，只见宝玉笑欣欣擎了一枝红梅进来，众丫鬟忙已接过，插入瓶内。众人都笑称谢。宝玉笑道："你们如今赏罢，也不知费了我多少精神呢。"

生：老师，宝玉费了什么精神？他和妙玉之间发生了什么？

师：宝玉到栊翠庵和妙玉都说了一些什么，读者一概不知，因为曹雪芹一句也没写。妙玉暗恋宝玉，在她请宝玉喝茶那一回有详细的描写，不熟悉的同学去看看第四十一回。妙玉在栊翠庵里带发修行，与宝玉难得见上一面，这次宝玉独自拜访，没有旁人在场，妙玉自然不会放过这难得的机会。但妙玉性格孤傲，她决不肯做直露的表白，因此她要找出种种借口延长和宝玉相处的时间。宝玉一方面没有彻底地领会妙玉的情意，另一方面他又急着讨要红梅回去向众人交代。这中间宝玉自然颇费了一番精神。你们懂妙玉“勉留”的心情和宝玉“要走”的心情吗？

生：有点懂。我目前没有类似的经历。但是，妙玉这样喜欢宝玉，宝玉这样对妙玉有点不公平啊。

师：这个我们暂且不讨论。我想问你：宝玉在栊翠庵最少逗留了一刻钟，如果让你还原宝玉和妙玉的对话，你能写出来吗？

生：也不是完全不可以，可写出来也没有意思啊。这是曹雪芹故意空出来的地方，如果写出来更好，他早该写出来了。

师：对。这是我们今天要讨论的问题。我们看过了《百合花》，了解了故事情节，初步把握了人物形象，对青春美与人性美有了一定的认识。小说有一段关于借被子的描写，我们一起来看看：

> “怎么，没借到？”……
>
> “女同志，你去借吧！……老百姓死封建……”
>
> “哪一家？你带我去。”……
>
> ……门帘一挑，露出一个年轻媳妇来。……我看她头上已硬挠挠地挽了髻，便大嫂长大嫂短地向她道歉，说刚才这个同志来，说话不好别见怪等等。她听着，脸扭向里面，尽咬着嘴唇笑。……我只好硬了头皮，讪讪地向她开口借被子了，接着还对她说了一遍共产党的部队打仗是为了老百姓的道理。……半晌，她转身进去抱被子了。

通讯员乘这机会，颇不服气地对我说道：

“我刚才也是说的这几句话，她就是不借，你看怪吧！……”

我听过一个老师的课，他要求学生再现通讯员与新媳妇的对话，同时还要求学生模拟“我”与新媳妇的对话，然后比较这两种对话的不同，由此感受不同的人物性格。

生：老师，我想听听那个班上的学生是怎么模拟的。

师：我复述一下：

通讯员：同志，我们是共产党的部队。我要向你借一床被子。

新媳妇：你没看我在忙吗，你自己进屋拿吧。

通讯员：共产党的部队，不能随便进老百姓的屋子。还是你拿给我吧。

生：老师，这是真的吗？茹志鹃如果写出这样的对话，这页书我要撕下来扔掉的。

师：我们不评价那位同学模拟得怎样。我想问大家：为什么有些地方作家故意不去写？

生：有些场景太难写了，所以不去写。

师：也有这种可能。优秀的作家一定能合理地描摹场景，再复杂、再艰难的画面他也能掌控。但是有些画面、有些场景他仍然会选择放弃描写。为什么？

生：是不是作家总是选择最精彩的瞬间来描写？并非生活中的任何场景都能“入镜”。

师：你的感觉很好。小说就像将平凡的人生放在舞台上表演，所有人物的出场、对话、情节的推进，哪怕文笔很朴素，也相当于在聚光灯下进行。有限的文字篇幅里要凸显人物性格，自然要抓住最精彩的细节，这就像高光打在人脸上，才能让这个人棱角分明。譬如这篇小说里写新媳妇给牺牲的通讯员“细细地、密密地缝着”那件借被子时划破的衣服，以及她“动手把半条被子平展展地铺在棺材底，半条盖在他身上”，当卫生员说被子是借老百姓的时，“‘是我的——’她气汹汹地嚷了半句，就扭过脸去。在月光下，我看见她眼里晶莹发亮”——这些描写就十分动人。

所以，有些补写是没有必要的。

某个版本的教材收入《皇帝的新装》，课后练习要求：“与同学交流，游行大典完毕，皇帝回宫后，事情将会怎样呢？大家都来展开想象，争取在班上说一说。”——这篇童话的主题已经凸显，皇帝回宫怎样，没有必要再去描写。

有些老师教《最后一片藤叶》，常常让学生补充描写老贝尔曼是怎样冒雨去描绘那片叶子。——作家有意不用全知视角，故意藏去一些情节，是为了让小说更有风致。

《项链》的最后，弗莱斯蒂埃太太大为震惊，抓住玛蒂尔德的两只手：“哎呀！可怜的玛蒂尔德！我的那副是假的呀。顶多值五百法郎！……”老师常常让学生补充描写玛蒂尔德听到这个消息之后的反应。戛然而止有时胜过万语千言，怎么就不懂呢？

以上这些设计，从读写结合的角度看，写一写、说一说也不是绝对不可以；但这种“写”很难训练写作能力，对理解作品并无多大帮助。因为，这都是作家主动留出来的空白，是作家自觉的艺术追求。你非要去续写、补写，相当于在一幅留白的山水画上去涂鸦。

歇歇吧，你！

将有意味的瞬间拉长

——《哦，香雪》教学实录

师：强烈的爱或者恨，用粗线条可以充分表现出来，那些隐秘的、微妙的情感，最难表现。当然，读者在阅读时也得有敏锐的感官来接受这种情感，否则，再动听的音乐对音盲来说，也是东风射马耳了。

今天我们来讨论一下乡村姑娘复杂微妙的情感世界。

生：乡村姑娘的情感世界？

师：是的，乡村姑娘也有复杂微妙的情感世界。情感跟学历、知识无关。但是表现这种情感跟作家细腻、深邃的心灵有关，这些描写同时也在检验读者的能力。《哦，香雪》能够成为名篇，主要原因之一就是小说中常有这样精彩的细节描写。大家好好读一读姑娘们从火车站往回走时，“有人开起了凤娇的玩笑”那段文字。

“白白净净”的列车员（绰号“北京话”）代表山外的文明世界，山村姑娘对他感兴趣，主要是对外面世界充满了好奇。凤娇与“北京话”接触最多，因为凤娇最勇敢、最直率。有人说“北京话”的“白”是“在那大绿屋里捂的”，更有人把“北京话”的“白”与香雪的“白”相比较，强调香雪的“白”才是真正的

“白”。本来凤娇拉着香雪的手，这时，凤娇“松开了香雪的手”。这个小动作暗示了凤娇怎样的心理?

生：嗯，我记得老师说过，中国传统小说的心理描写多半通过人物动作表现出来，而很少采用心理分析的方法，心理分析便成了读者的任务。我想，凤娇不经意间把“北京话”当作了自己人，当其他姑娘贬低“北京话”时，她就生气了。是不是这样的？这“气”生得有点莫名其妙，但是她无法控制自己的情绪。她坚信伙伴们是在瞎说，但她又不好意思公开为“北京话”辩护。由于伙伴们是拿香雪与“北京话”比较的，香雪便成了贬低“北京话”的武器，她就迁怒于香雪，所以她本能地“松开了香雪的手”。

师：你懂得这种纤细、微妙的心理，你分析得很好。被别人“放开手”，有的人有可能会想：你生气跟我有关系吗？要什么小性子啊，你不理我，我也不想理你，哼！但香雪不是这样的性格。“香雪又悄悄把手送到凤娇手心里”，为什么香雪要将手送到凤娇“手心里”呢?

生：小姑娘太复杂了。

师：未必是小姑娘复杂，这是作家在用心刻画某一瞬间，当事人做出这一动作也许出自本能。我们分析文本要将这一有意味的瞬间拉长。这些看似不经意的动作，都是有心理动因的。这类动作最难写。有女生能分析一下吗?

生：老师，我说说。香雪的心理活动可能是这样的：既然“我”成了贬低“北京话”的武器，凤娇就有理由生“我”的气，有理由怪罪“我”并抽回手去，那么，“我”就应以某种方式向凤娇表示歉意，请求凤娇宽恕。这时，香雪虽然伸过了手，但凤娇还沉浸在自己的情绪里，凤娇并没有立即回应。所以，香雪的手便一直向凤娇的手心伸去，仿佛请求凤娇的宽恕，仿佛是她使凤娇受了委屈。作家通过这个小动作写出了香雪的纯净的内心。多好的姑娘啊!

师：有道理。香雪为什么对凤娇这么好呢？一是平日累积的友情；二是她很在意凤娇对“北京话”的感情。大家都看出来凤娇对“北京话”怀有好感，并因此关心“北京话”是否已有“相好的”。

生：老师，凤娇难道想嫁给“北京话”这个列车员?

师：你太着急了。好的文学作品是抓住最包孕意义的瞬间，写情感的不确定性，写情感的非理性和无目的性。这种朦胧的情感是文学的永恒主题。你看课文是怎么描写的：凤娇每次都“提着篮子去找他。她和他做买卖故意磨磨蹭蹭，车快开时才把整篮的鸡蛋塞给他。要是他先把鸡蛋拿走，下次见面时再付钱，那就更够意思了。如果他给她捎回一捆挂面、两条纱巾，凤娇就一定抽出一斤挂面还给他。她觉得，只有这样才对得起和他的交往，她愿意这种交往和一般的做买卖有所区别”。你懂得这个意思吗?

生：他们之间本来只是鸡蛋换纱巾的买卖，但是凤娇偏偏在这买卖里放入了情感。这姑娘会很可怜的。列车员会看得上她吗？她肯定会受伤的。

师：你的解读停留在现世的层面上了。青春是需要一点幻想的，一点不求结果的幻想。

生：我的幻想是“中流击水，浪遏飞舟”。

师：没错。你可以浪遏飞舟，但也要懂另一种芳菲的青春。

生：老师，男生好像以为女孩子都将嫁人看成头等大事，真是想多了。

师：你说说吧，告诉他是怎么回事。

生：凤娇根本就没想过跟他走啊。凤娇愿意对他好，仅仅是她喜欢这样。凤娇的确对“北京话”有爱慕之心，但凤娇十分清楚这份爱慕不能指向某种现实的目的。她以自己的方式“对他好”，从这种“对他好”中，她在享受她自己的幸福。我觉得凤娇虽然没有文化，但比某些有文化的人更具备丰富的心灵。

师：你说得太好了，男生们要注意了，除了浪遏飞舟的豪情，至少还要懂得青春另有一种色彩。文学是让我们单调的心灵变得丰富起来的，要学会接纳和体会不同的情感。

生：老师，我明白了一点点。但我还是心疼凤娇。

师：你懂得心疼凤娇，很好啊。那我们就继续讨论香雪是怎么想的。同学们看看香雪为了换铅笔盒耽误了下车的那段描写。（朗读略）

热情的“北京话”告诉香雪，他爱人有个亲戚就住在西山口站上，香雪可以到那里借宿。香雪根本不打算去找“北京话”的亲戚，香雪脑海里想的是，“北京话”果然有“爱人”，凤娇对他的“好”被伤害了，她不由得替凤娇委屈。

当然，这种委屈是说不出口的，也没有道理的，“北京话”本来就有爱人，他没有隐瞒什么，也没有主动对凤娇示好。香雪没有怪罪谁，她只是为凤娇委屈，更为凤娇和自己生活在大山里感到巨大的委屈。如果爱与恨有明确的对象，那就有可能快刀斩乱麻，干脆利落地解决问题；而有些时候，爱与恨没有理由，没有逻辑，找不到发泄的出口，但情感并不因此而消散。也许，没有目的地对一个人好，才是情感最纯净的状态。

你心疼凤娇，说明你希望情感是对等的，有回报的，这是一种让大家安心的、期盼的情感模式；但是情感一定还有其他的形式，文学为生活与情感提供了太多的可能，这也是文学存在的重要意义。

生：老师，凤娇经历这份隐藏的感情之后会长大的。我也希望自己经历一些心灵的波折，这样我才能走向成熟。

师：嗯。我们都希望一生平安幸福，但幸福未必是一切得偿所愿。

张秉贵“贵”在哪里？

——《心有一团火，温暖众人心》教学实录

师：我昨晚做了一个梦，梦里我在排队，不知道为什么。队伍大约有五百米长，前进还特别缓慢。我想了一下，轮到我估计要三四个小时吧，不由得十分烦躁。幸好一激灵我就醒了。

生：老师，你说这个干吗？

师：别急。慢慢听，注意筛选信息。

好多年前，我在一座小城市坐公交。公交车很旧了，但是上面一行褪色脱漆的红色字迹仍依稀可辨：不准打骂乘客。我看到这行字迹的时候，没听说过司机和售票员打骂乘客的事，乘车出行基本是安全的（极端情况除外）。但这行字一直留在我脑海里，说明曾经有过司乘人员打骂乘客的事。

我想起更久远的事。我的父亲是小镇供销社的营业员。他常常跟镇上的一位初中数学老师讨论数学问题，这位老师毕业于本省的劳动大学（真有一所这样的大学）。我父亲在一个尚未出售的篮球表面贴满了小三角形，通过计算三角形的面积来求得球的表面积。我那时读小学，对这些不甚了了。很有意思的是，供销社的店堂里也有这样的职业纪律：不得打骂顾客。

后来我听到一个关于供销社营业员和教师的经典笑话，就是领导对教师训话：“好好干，提拔你当营业员。”

上面是一段“群文阅读”，你们知道我在说什么吗？

生：老师，每个年代都有每个年代的神奇故事。

师：说具体一点。

生：20世纪六七十年代，公共服务行业的从业人员，像司机、售票员，或者掌管物资的营业员，他们的社会地位很高。

师：是的。那个年代，我替我的老师买过洗衣的肥皂、晚上点灯的煤油，甚至是火柴和超过四角钱一盒的香烟。这些都是紧俏的商品，都要凭票供应。

生：第一条信息未能概括进来。老师开篇说的那个梦是草蛇灰线吗？

师：每条信息都是有用的，稍后我会说。

现在我们对张秉贵生活的年代有了一个大概的认识了吧？王府井百货大楼糖果组的售货员，可不是今天的收银员，有些职业的荣光如今已经没法类比。这么说吧，那时北京根本不只是一个地名，在全国人民心中，那是一个发光的圣地。王府井又是北京最热闹的地方之一，百货大楼又是王府井最繁华的地方，卖糖果又是最甜蜜的事业，你想想吧，全国各地的人到了北京，回去之后不得带点礼物啊？所以，有多少人会汇集到张秉贵的面前，张秉贵从事的职业是多么“高大上”！他是北京的“窗口”啊。

生：你是不是言过其实了？不就是一个卖糖果的吗？又不是卖芯片的。

师：芯片当然重要，普通生活中还有很多重要的事。不能以甲的重要否定乙的重要。就像有一种药能治疗癌症，当然很重要；但是每天吃的米、面也很重要。我提供的“群文”信息，就是想让同学们了解张秉贵生活的年代的价值观，希望大家对当年的风习能够共情，如果我们怀着嘲弄的心情看待过去的贫乏，将来的人也会怀着嘲弄的心情看待我们今天的一切，包括你说的芯片。“后之视今，亦犹今之视昔”，不能以今天的标准衡量当日，对往昔要怀有一份理解的同情。

生：这点我明白，我只是觉得他没有那么重要而已。

师：回到我开篇的话上来。大家都排过队吧？今天不可能像那个年代排队买糖果，但在日常生活中，排队的事太多了（由排队引发的争执也不少）。如春运排队买火车票，如银行、邮局排队办业务，如医院排队就诊，如每天上下班高峰在高架上几千米的“排队”。流畅顺遂，一路绿灯，大家都开心；一看长龙似的队伍、乌泱泱的人群，心里就犯怵。

所以我做梦都在排队。

我到邮局领取汇款，那个中年女子可能刚学会用电脑打字，她用了将近一分钟时间才打出两个字来，那速度根本不是在打字，而是在刻字。

我去一家有名的、需要排队十分钟以上的熟食店买菜，付款时，一个中年男性将菜盒上条形码的数字一个一个输入电脑，他跟那些数字好像有仇，或者是键盘与他有怨，彼此爱理不理，没有一分钟输入不了一道菜的条形码数字。你要不信，我下课就带你去看看。

而且，奇怪的是，一年前是这样，一年后还是这样。

生：我明白了。

师：你说。把你明白的事，清楚地、有条理地说出来。

生：越是看上去普通平庸的工作，越是难以保持持久的热情。

师：不枉我费了这么多口舌，你说得很好。

生：别打断我，老师。我还要说。当时王府井各个商场还有很多营业员，全国各地，在各种普通的岗位上，不知有多少普通的劳动者。我甚至想到了老师您，您也是。

师：我是什么？不要将我绕进来。

生：为什么不？听我说嘛。文章说，张秉贵不管遇到什么事，哪怕他最爱的女儿生病刚送进医院，只要一站在柜台前，他就面带微笑，迅速进入自己的角色。一般的营业员可能愁眉苦脸，可能还会无端地朝顾客发脾气，老师不是说那时的商店里写着“不准打骂顾客”的规章制度吗？只有张秉贵，把卖糖果这么简单的事当作了不起的事来做，他为了节省顾客排队的时间，减少顾客排队的焦虑感，将自己完全交付出去了。我们一起来看看文章的这一段：

> 每天，老张从早晨穿上工作服进入柜台，到晚上送走最后一位顾客，每分钟都是全力以赴。你看，他在柜台里，眼、耳、口、手、脚、脑这6部“机器”同时开动，他抬头售货，及时发现需要照顾的老弱病残顾客，随时倾听顾客的要求和意见，不断解答顾客的询问，还要不停地拿糖、过磅、包包、打捆，同时用心算代替算盘。在柜台里，他三步并作两步走，一点儿不知累，可晚上下班后，他就感到有些支持不住，有时连上楼还要扶着墙。

刚才老师仅从排队焦虑这个角度引发我们思考，其实张秉贵处处都在替顾客着想，以张秉贵的干劲、热情，还有他自费买了230多种糖果试吃，以了解各种糖果的适应人群的这种劲头，我想，他就是在今天，如果开糖果店，开的也一定是一流的糖果店。所以，刚才那位同学以芯片傲视他，我觉得很不公平。你没听到老师刚才说的，面对排得长长的队伍安然“刻字”的那些人吗？无论科技怎么发展，我们生活中的那种懒散自私、缺乏活力的现象，可不会随着科技的进步而自动消失。还有老师您。

师：我怎么了？

生：许多事看上去重复，毫无意义，譬如卖糖果，但是张秉贵做得全国皆知，像大明星一样，到北京的人都要到王府井看他卖糖果的样子。许多老师上课，一篇课文教好多遍，面向一届一届学生，也完全是重复的劳动。但就是您，老是折磨我们，提出许多问题，逼着我们思考。要么是您有自虐倾向，要么是您也想让平庸的日子多一点快乐吧。哪有什么永远饱满的微笑，暗地里都用尽了全部精力。

师：你说得很好，但是不能昧着良心夸老师。下课。

有一种劳动，就是美的生活

——《芣苢》教学实录

师：小时候，每年春天，我都会和小伙伴到田野里找桃树苗。上一年不知谁吃桃时扔掉的桃核，今年就可能在青草丛里长出了青枝绿叶。眼尖的小伙伴一下子就能发现那挺拔清秀的桃树苗，在春风里摇曳，大家一起赶过去，抢着挖起来，栽在自家门前；然后各自打猪草，装满了竹篮子；最后奔到紫云英田里打滚。

这时，天空很近，村庄很远。

若干年后，我看车尔尼雪夫斯基关于“美是生活”的著述，他说：“辛勤劳动……使青年农民或农家少女都有非常鲜嫩红润的面色——这照普通人民的理解，就是美的第一个条件。”车尔尼雪夫斯基认为，生活富足而又经常地、认真地，但并不过度地劳动，这就是美的生活。

我的童年经历了农耕社会最后的余晖，我曾骑着水牛在荷花塘里游嬉。我的祖辈们扶着战国时期就已发明的铁犁，世世代代在田里耕作。——这些绵延了几千年的生活在我长大之后就成了绝响。你们已经看不到耕牛了。乡下的学生也不在田野里疯跑疯玩了。

生：老师，他们现在玩什么？

师：跟你们一样，玩电子游戏啊。他们的四周仍然有农田，但是他们已经不可能光着脚丫踩在春天的细细的泥沙上了。大量的劳作，交给了机器；耕种的目的，不只是为了衣食，而是为了更高的利润。没错，这是好事。但是，他们不知道，田野劳作后身体适度疲劳，是一种健康的生活方式。

生：老师，今天讲古人有关劳动的诗歌，是为了激励我们热爱劳动？

师：不是简单地激励大家热爱劳动，而是让大家懂得：劳动不一定是摧折身体的苦役，而是让身体愉悦、让精神饱满的首选方式。大家一起读一遍《芣苢》吧。（朗读略）

这首诗描写劳动有什么特点？

生：老师讲过《诗经》的比兴手法，一般都是以物起兴，这首诗写芣苢却不是为了起兴，而是“敷陈其事而直言之”的“赋”。但是，难道这首诗真的只是陈述采芣苢的过程吗？还有，老师，芣苢是什么东西呀？

师：你问得很好。第一个问题我能回答你，这里没有比兴，没有明确的寄托，主要是写劳动的过程。第二个问题，我很难回答你，虽然读《诗经》确实应该“多识于鸟兽草木之名”，但芣苢是什么，从古到今，人们一直没有搞清楚。

芣苢一般被认为是车前草。车前草高三十厘米左右，如果芣苢是车前草，那“采”等一系列动作都是要蹲下来才能进行的。另外，古人认为车前草对生育有帮助，到底是采叶子还是采籽实，从这些动词很难做出精准的判断。

还有一种意见认为芣苢是薏苡，薏苡的果实是薏米，超市里都有卖的。这种植物有一米多高，从劳作的角度看，采薏苡时，人站在薏苡旁边，伸手采摘，比蹲在地上更自如。采薏苡，多半是采其果实了。

有不少人花了很多精力研究这个问题，最后也没得出让大家信服的结论。我觉得还是讨论“采”的一系列动作比较有趣。同学们看看，这首诗是不是特别好背诵呀？三章只写了一件事——采芣苢，换了几个动词而已：采、有、掇、捋、袺、襭[①]。有同学能说说对这几个动词的理解吗？

生：老师，“采”的对象可以是叶子，也可以是果实或种子，“有”是获得的意思，我觉得“掇”这个词很优美。你看，左边是提手旁，代表这个动作与手有关，右边是四个又（手），是不是像将指尖撮在一起？这个动作特别轻柔，像采茶姑娘摘茶叶。捋是从茎上成把地取下。捋的对象可以是叶子，也可以是籽实，这首诗未显示采的时间，给我们的诠释留下了太多空间。

师：“掇”就是“拾取”的意思，“叕”是声旁，表读音，跟意义关系不大。你的想法很美，但未必符合事实。你想象美丽的姑娘用纤纤细手采摘，但这首诗更可能是妇人的劳作（如果芣苢解释为车前草，就与生育有关），适当收敛一些溢出诗歌之外的联想。我们还是来看看“袺”“襭”这两个动词，好好体会劳作的味道。先看一下词典上的解释。

生：袺：手提起衣襟兜东西。襭：把衣襟插在腰带上兜东西。

师：有些名词和动词在现代生活中几乎消失了，因为他们指称的对象基本不存在了。你们见过这样兜东西吗？

生：没有，是不是有点不雅？

师：不是这个原因。实际上，现代人撩起的常常是围裙，而不

① 此处“襭”参照教材保留繁体字形，《现代汉语词典》（第7版）收录了该字的简体字形“𫌀”。

是衣襟。我一想起祖母，就是十一月的田埂上，芦苇静默在深秋的风里，祖母从芦苇那边的菜地走过来，腰里系着围裙，一只手提着围裙的两只角，一只手拄着拐杖。围裙里兜着刚采摘的扁豆，还有不小心扯下来的紫色的扁豆花——挂在深青色的围裙带上。那时，我不知道居然有一个动词“袺”，专门刻画这个以手提起围裙的动作。

还有，那一年我上初中了。跟着母亲走在棉花地里，母亲和我都系着围裙，但不是用手牵着围裙的两只角，而是将围裙角塞在裤腰里，系好。我们在摘棉花。蓬松洁白的棉花从棉桃里绽放出来，轻轻一拽，就是盈盈一握。我很喜欢这个动作。母亲在给我讲《雷雨》的故事，她是从收音机里听的广播剧。一上午，摘完一块地的棉花，讲完一个复杂的故事，秋天的阳光照在我们母子身上，劳动让我们很欢喜。我的肚子前堆起了棉花的小山。那时我不知道居然有一个动词“襭”，专门刻画这个兜棉花的动作。

几千年来，大家都是这样在田地里劳作的，“袺”与“襭”对于劳动者来说，太自然、太自如了。可是今天，这些动词变成生僻字了。

生：这是很有意思的事。

师：是啊，有意思是读诗的最高境界。清代有个人叫方玉润，他也觉得这首诗很有意思，他评价这首诗：“涵泳此诗，恍听田家妇女，三三五五，于平原绣野、风和日丽中群歌互答，余音袅袅，若远若近，忽断忽续，不知其情之何以移而神之何以旷，则此诗可不必细绎而自得其妙焉。”健康的人常常能在生活和劳作中找到满足；只有那些平淡无味的人，才觉得劳动是空虚而乏味的。

生：老师，我有点羡慕那种自然的生活和劳作了。但是，你刚上课时为什么给我们讲挖桃树苗的事？

师：那也是劳动的一部分啊。另外，桃子是我那时候能吃到的唯一的水果。

求贤，如慕少艾

——《短歌行》教学实录

师：非常、非常喜欢一个人，是什么感觉？什么状态？

生：老师今天给我们讲什么呀？

师：就讲这个问题啊。

生：那我说说吧：脑海里都是这个人，想到这个人，面部肌肉就放松了；看到这个人发来的信息，就笑出了声音。

师：大家都说说。

生：我会忧伤。喜欢可能是我个人的事，对方根本就不知道，但即使这样，我还是心里记挂着，拿不掉，舍不下，无法确证。我享受这种感觉，这比心里一片空白幸福多了。

师：嗯，说得不错。我们一起念念这几句诗吧。

生：青青子衿，悠悠我心。但为君故，沉吟至今。

师：喜欢的人长什么样，诗人没有描摹。但心里最喜欢的人，肯定是洁净的，衣服也是干净的。想起对方，眼前就浮现起那青色的衣领；深深思念，无法忘怀，才下眉头，又上心头。

生：老师，我现在没有什么非常、非常喜欢的人，但我想，如果我有，我会觉得甜蜜幸福。我们无话不说，我们亲密无间。黄昏的时候，我不再孤独。

师：好。我们现在将话题收拢一点，只讨论喜欢对方但未得到对方确认的这种状况。

生1：我会默默地尽己所能地对这个人好。我特别想跟这个人分享我小小的快乐，譬如纺织娘在没有月亮的晚上大声鸣叫，我走在长长的没有灯光的路上，就想让这个人也听一听。

生2：我会一直思念这个人。我在静静等待这个人，呼唤这个人，我不知何时能有回应，但我一直这样憧憬。

师：你们都有一颗善感的心。我从你们的谈话中感受到了年轻的气息。这种感受可能很甜美，也可能很熬煎，总之，是一种持久的、强烈的心理感受。如果你在自己之外，对外在于“我”的“他者”有了期盼、欢喜，甚至有了依赖，你就会发现，原来安宁的“自我”不再平静，也不再完整。

生：“我”被“我”打碎了。

师：说得好！所以诗人“沉吟至今”。如果一个人的心里从来没有“悠悠”，从来不会“沉吟”，那这个人好没意思啊！

生：老师，我就是这样的人。

师：我还没说完。那至少说明你现在还是完整的，你的心里、眼里只有“自己”，还没有期盼着什么，渴望着什么。你还天真未凿。但是，只要你碰到你的“青青子衿”，你也会“悠悠”，也会“沉吟”。

生：好吧，我感觉我这样挺好。没有欢喜，也就没有悲伤。

师：“青衿”尚未出现，大多如此。就像曹操，在他的前半生中，并未有此感慨；而到了50岁以后，他特别渴望拥有天下的英才，让他们与自己共同完成心中的宏图大业。他有了强烈的愿望，才有了这些激动人心的想象，才有了《短歌行》的出现。

生：老师，咱们不是说好了讨论“非常、非常喜欢一个人的感觉”吗？怎么会说到建功立业这么无聊的事？

师：有一段时间，我们处于浑朴天真的状态，对“他者”没有感觉，与朋友没有界限；但总有一天，我们独处时突然感到了寂寞，需要“他者”来印证自己的存在。对普通人而言，这就是知“慕少艾”。（《孟子·万章上》云：“人少则慕父母，知好色则慕少艾。”少年人情窦初开，就知道爱慕美丽的少女）对有宏图大志的人来说，他渴望贤才的心思，和少年爱慕美丽女孩的心情是一样的。

生：曹操的念头好怪异。

师：年少时，单纯地渴慕一个人，那种幸福感、新鲜感，会在大脑皮层里留下深刻的记忆。等到眼界宽了，气魄大了，儿女私情不再是生活的全部。这时，我们需要趣味相投、能力高强的人一起做事，我们渴望有这样的人出现，这种渴慕，会激活往昔的记忆。所以，《诗经·郑风·子衿》顺利地被插入了《短歌行》。诗中还有这样的诗句，大家找找看。

生：还有《诗经·小雅·鹿鸣》。曹操想象与渴慕的人在一起，用隆重的礼遇对待他们。“鼓瑟吹笙”的热闹、欢愉、礼敬，是曹操求贤若渴的表现。他这首小诗，写得又温暖又动人。怀才不遇的人看了《短歌行》，会为曹操“夜奔”吧。

师：你有这种想象和联想，是懂得诗之妙了。我们继续读读诗中的这几句，这几句写得也很像是情诗：

明明如月，何时可掇？忧从中来，不可断绝。

越陌度阡，枉用相存。契阔谈讌，心念旧恩。

明月是古诗中最动人的意象了。曹操那时候，夜是漆黑的，月是银亮的。不像今天都市里的月亮，在夜晚的光污染里退居一隅，显得那么苍白。

曹操看到银子一样的月亮，感叹何时能靠近、能拥有这些最美好的事物；明月当头，最能勾起他思念“良人”的心；人在远方，不能相见，忧伤袭来，绵绵不绝。诗人此时是不是很像一个燃烧着恋情的恋人，在月下彳亍？强烈的思念席卷而来，他在田野里狂奔，他在呼唤，前面，影影绰绰似有人影出现，是日夜思慕的人吗？是能为之鼓瑟吹笙的人吗？不管多远，他都要跑过去，越陌度阡，身轻如燕，见到分别很久的情人，剪烛夜话，言笑晏晏。

生：曹操是军事家、政治家，他的《龟虽寿》境界开阔，气势雄浑，我能理解。这首《短歌行》风格似乎不太像我眼中的曹操的作品。

师：很多作家有成熟的创作风格，但成熟不代表固定和单一。最优秀的作家，其风格大都是立体呈现的：既能沉郁顿挫，又能意气飞扬；既能缠绵悱恻，又能喑呜叱咤。

曹操在《短歌行》中多次引用现成诗句，融合自己真实的心境，将不同时空的情感打通，又表现得如此真切、深沉，实在令人敬服。

生：本诗最难得的是，看似写儿女情，却吐露了大英雄的襟怀。

陶渊明说他“少无适俗韵”，你信吗？

——《归园田居》（其一）教学实录

师：我看到很多讲古诗词的书将“少无适俗韵”写作“少无世俗韵”，这些书写得是多么匆忙啊，编辑也放任这些错别字。还有，读者会不会停下来想一想：到底是“世俗韵”还是“适俗韵”呢？

生：老师，这重要吗？

师：就像木匠看到一张桌子的四条腿不一样长就难受，就像裁缝看到一件衣服的针脚不齐整就想拆了它重缝。学习语文，要养成对语言文字的敏感，看到错别字，就像飞虫入目般不舒服，尤其是字数十分有限的古诗中还出现错别字，那简直是撞翻了虫窝。

生：老师，那“世俗”与“适俗”有什么区别？

师：我不说，你先自己动脑筋。我想请你们思考更难一点的问题：什么是“俗韵”？

生1：庸俗啊，市侩啊，小市民啊。

生2：没有理想，没有追求，心灵枯竭，像动物一般活着啊。

师：有不同意见吗？

生3：我不同意。实实在在的俗，比酸文假醋好。谁的内心不住着一个小市民？没有理想，比有乱七八糟的，或者不着边际的，或者伤害他人成就自己的理想要好多了。谁说动物就没有理想了？你肯定不熟悉动物的生活。

师：我很喜欢听你们这样胡说八道啊，继续吧。

生：我说说我家小猫的理想吧，它其实是有追求的。跳跳常常对着窗外香樟树上的鸟窝出神，透过窗玻璃看到有鸟飞过，它的眼神就一亮，我猜测它的理想是哪天蹿到玻璃窗外，逮一只小鸟吃。

师：你说得有道理，大体来说，鱼也是有理想的，咸鱼除外。我们还是回到主问题吧。到底什么是“俗韵”？你们有没有注意到，有些人的穿着和谈吐都很雅致，但是某一种行为突然显示他很恶俗；反过来，有一些人穿着和谈吐都很俗气，但是某些行为却突然让人肃然起敬？

生：所以“俗韵”很大程度上要看这个人的行为，对吗，老师？

师：先不要急于下结论。每个人身上都有一些“俗韵”吧，有的人天生少一些，不需要怎么修炼都能保持恬然自安；有的人“俗韵”多一些，不管读了多少书，得了多少学位，一张口，还是“俗浪滚滚”。

生：老师，你说谁呀？

师：没说谁，你们以后都有机会遇到的。遇到这种人时，想想我们今天读的诗，你就会多原谅他一点。

生：为什么？

师：说过了呀，有人天生就特别适应“俗韵”，与“俗韵”融为一体，很难分离，知识、修养只能适当修饰他们；有人天生不能适应这种俗气，别人用官位、利益诱惑他，最后他还是跑开了。

生：老师的意思是说陶渊明天生是一个不能适应世俗的人？

师：是呀，他自己说的嘛，“少无适俗韵”。我们都没见过他，今天讨论他的专家也没跟他打过交道。但是《晋书》和《宋书》里有他的传记，《陶渊明集》里有他的诗文。我们只能凭借这些来想象他，我们的想象有可能是不准确的，一切文字都与真实之间有缝隙，但目前我们只能这样。学习《归园田居》（其一）这首诗，也在训练我们从诗歌内部推测他到底是不是一个“少无适俗韵”的人。

生：老师，这是什么意思啊？人家说言行一致，老师是说一首诗歌的言语前后逻辑一致？

师：对。一篇之中的情感、趣味一致，就是内部逻辑自洽。通俗一点说，将每一句诗看作电视连续剧的一集，从头至尾，主人公不“人设崩塌”就可以了。现在大家读一读原诗，看看能否找到前后不一致的地方。（朗读略）

高明的人说话，会注意前后是否一致，出尔反尔是会被人耻笑的。我们看陶渊明描摹了怎样一幅图景。

有人考证，这首诗大概作于诗人归隐后的第二年。开篇从正反两方面说明自己本性挚爱田园，却误被官场网罗，蹉跎了岁月。诗人就像鸟恋旧林、鱼思故渊一样，渴望回到自然之中。接下来这首诗描摹了一幅怡然恬淡的乡村生活图景：田地、草屋、榆柳、桃李、若隐若现的村落、袅袅升起的炊烟。深巷传来狗吠声，桑树顶上鸡正打鸣，为恬静的村居生活带来了生机。

生：倒是没有发现前后不一致，他好像沉浸在乡村生活里，但是这种图景并不难找吧？

师：田野、榆柳、桃李、村落、鸡鸣、狗吠，几千年了，乡村至今还有这些。但是最近这些年，我们在乡村很难再见到“草屋”和“炊烟”了。如果这些图景还存在，他不过是描摹了稀松平常的乡村图景，那么，陶渊明的“了不起”表现在哪里呢？

生：老师，依然存在的图景与陶渊明用诗句塑造的图景未必是一回事吧？

师：你发现了问题，很好。诗句塑造的图景渗透了诗人的理想。我先说唐代一个叫灵澈的和尚写的一首诗——《东林寺酬韦丹刺史》，诗中有这样的句子：“相逢尽道休官好，林下何曾见一人。”大家注意过没有，我们常常见人感叹上班忙乱，衣食已足，为何还要这么辛苦打拼呢，不如归去，不如做个自由人——你见过这样的人没有？大家都只是感叹一下，要追逐的仍然在热衷追逐。成年人的世界，口是心非就在这里：嘴里说归去，身体往前奔。

人们都这样的时候，大家不以为怪。如果真的有一个人，果敢地丢弃这一切，完全按照自己的想法去生活，没有一丝苟且，不向任何不喜欢的事物折腰，是不是很可贵？

生：老师，我有点明白了。我向往自在的生活，但是我连给朋友、同学的“朋友圈”点赞有时都言不由衷。我不喜欢这个人，但我想了想还是从众，给他点赞了。老师，你有过这样的经历吗？

师：谁不曾折腰？所以陶渊明最可贵的是他说了，也做了。我们可以从他的行动中看出他是不是一个有“适俗韵”的人。我们的微信“朋友圈”里，有些人彻头彻尾就是个俗人，还有一些是恶俗之人，甚至还有一些人本质上就是恶人。我们越长大，越发现自己连公开拒绝、蔑视这些人的勇气都没有了，我们纠结再三，有时还是去从众，给这些人点赞了。——我们是多么“适俗”啊。反过来，陶渊明“少无适俗韵”就特别可爱，特别可贵。

生：老师，那我们是不是要以陶渊明为标杆呢？

师：你如果喜欢，自然会趋奉；你如果不喜欢，自然会绕道。标杆是没有用的。我们只要看陶渊明说到自然的生活时那种怡然自得的姿态，就知道这些发自内心的欢喜是没法掩盖的。今天我们看到荒地会想到将其开发建厂房，他想到的是赶紧去侍弄土地种瓜点豆；今天我们看到方宅十余亩、草屋八九间，就想赶紧推倒盖个像样的小区，他跑去栽桃种李，养鸡遛狗。我居住的小区，本来规划时种了许多竹树瓜果，芳邻们来了就大开杀戒，将一切有叶子的植物都砍伐尽净，浇筑成水泥地。我跟他讲陶渊明，邻居会问：“他住几号楼？”我说陶渊明是古人。“那陶渊明死了呀，死了还说什么？”

生：老师，我知道了，一个人按照他内心追求的纯净去生活，是最了不起的。我有一次到昆山乡下的外婆家，穿过一片水稻田，我看到夕阳、白鹭，看到孕穗的稻子，我开心得不得了，就一屁股坐下去，坐在干硬的土路上。不远处，稻田之上就是外婆的家，篱笆上挂着干枯的丝瓜和盛开的扁豆。那时我才读五年级，不懂陶渊明。现在，我似乎懂得了一点点。老师，读一首诗当然不能完全改变一个人，陶渊明也不可能成为所有人的精神标杆，但我觉得，一个人多和自然做伴，总会让自己远离世俗一点点，因为自然是静谧的，待久了，人也会变得宁静一点。

师：你有真切的感受，还能沉浸在诗歌的情境中。每个同学都找到自己喜欢的诗，去体会诗人在他营造的意境中的那份自得，去读出那份发自内心的天真与欢喜，就再好不过了。我们可以激赏“暧暧远人村，依依墟里烟”的意境，也要学会体会不同的诗歌带来的快乐。这个世界上，好诗太多了，我们要找的是与自己心灵契合的美好的东西，而不限于将某一人作为标杆。譬如，我还喜欢吟诵这样的诗句（莱蒙托夫《帆》）：

蔚蓝的海面雾霭茫茫，/孤独的帆儿闪着白光,/它到遥远的异地寻找什么？/它把什么抛弃在故乡？……

“梦游天姥吟留别”的“梦”与“云”

——《梦游天姥吟留别》教学实录

师：今天我们说说“梦”与“云”。

这首诗第一句就是一副对联啊。上联是“海客谈瀛洲，烟涛微茫信难求”——海客的话能信吗？不过，让他谈谈也是好的，姑妄言之姑妄听之，反正谁也没去过瀛洲。下联“越人语天姥，云霞明灭或可睹”，这是“越人”说的，也是听来的，你就随便听听吧。这是为后面的夸张不实之词提前“甩锅”。

生：老师，这句诗让我想起苏轼的“人道是，三国周郎赤壁”。其实苏轼知道脚下的土地与周瑜无关；也就是说，李白马上要说的天姥山，与真的天姥山也没有多大关系。

师：是，李白要说的是他的梦。梦是一个多么难说的话题啊。我们正走向人工智能时代，人工智能可以取代人类的许多工作，乃至思考，乃至部分情感；但是人工智能肯定不会自由做梦。梦可能是人类最后的特权了吧。

生1：老师，我刚才下课去图书馆还书，经过竹林后的铁皮房，看到生锈的铁皮房上长了好几个瓠瓜。我盯着瓠瓜的绿叶，还有叶端弯曲的须子，我看了很久。我不想用语言表达我的感动，我就喜欢这样静静地看它们。如果没有这些瓠瓜，这个铁皮房是多么丑陋啊。

生2：瓠瓜是什么？她在说什么？

师：瓠瓜是一种蔬菜，你下课可以自己去铁皮房看看，叶子底下有一只小瓠瓜。《诗经·卫风·硕人》里形容美女："领如蝤蛴，齿如瓠犀。"——瓠瓜的籽洁白整齐，所以用来形容牙齿。

这位同学抬头看到铁皮房顶的瓠瓜，这一刻，她很欢喜，无以言表。相遇、对视的片刻，忘了置身何处，这算是她短暂的"梦"吧。梦有时代表美好的愿望和期盼，有时只是间离，让我们从正在进行的生活中抽身出来。注意，正在进行的、不敢疏忽的紧张生活里，人原来还可以有片刻的抽离。

生：对。那个什么"见了和尚说句话，又得浮生半日闲"，是这个意思吗？

师：原诗是"因过竹院逢僧话，又得浮生半日闲"，有点这个意思。这是唐代李涉的诗。今天我们要学习的是李白与东鲁诸公告别的诗——李白这时是受了委屈的，皇帝不喜欢他了，放逐他了，他不开心，要到浙江一带散散心。李白需要从坏情绪中走出来，他必须做一场酣畅淋漓、飞扬跋扈的梦。

生：飞扬跋扈的梦？

师：是。杜甫说李白"痛饮狂歌空度日，飞扬跋扈为谁雄"。现实中，李白放浪形骸、不拘形迹，梦里，他更要升天入地。为了释放情绪，每个人都有做梦的权利，但梦的境界不一样，有的温柔纤巧，有的奔腾澎湃。我们一起读读诗中这段：

熊咆龙吟殷岩泉，栗深林兮惊层巅。云青青兮欲雨，水澹澹兮生烟。列缺霹雳，丘峦崩摧。洞天石扉，訇然中开。青冥浩荡不见底，日月照耀金银台。霓为衣兮风为马，云之君兮纷纷而来下。虎鼓瑟兮鸾回车，仙之人兮列如麻。

生：老师，李白的梦里有个动物园，你看，熊、龙、马、虎、鸾，大都是猛兽珍禽。他为什么写这些？还有，他写了好多的云啊。

师：这个问题问得好。前面说过，梦有时只是为了将当下世界隔绝开来，譬如我们有时会因一只瓠瓜而忘忧，有时会因为看到这样的云彩而忘了赶路。（出示云彩的图片）

生：老师，这是哪里的云啊？真好看！

师：天上的云。哪里都有，只要是合适的天气，只要你愿意抬头。

如果能静静地看看云彩，我们心里会涌出许多温柔的念头，无垠的太空，轻盈的白云，丝状的，絮状的，结实、饱满，在深蓝色的天幕上，多么纯净。你想过没有，它们似乎也有一点寂寞，看上去那么自由，朝朝暮暮，任意飘荡；但它们既没有目的，也不能掌控自己，在遥远的地面上的人看来，它们是令人羡慕的，但它们自己说不定是苦闷的、忧伤的。

生：老师，你怎么知道云彩是这样的？怎么能下这样的判断？

师：我只是说说我的梦而已，我看着云彩就忘了你们，以为云彩的世界比我们现在的世界好。但我有时又想，云彩也有云彩的不开心吧。我之所以认为它们的世界纯净美好，可能是因为它们离我太远了。一切太远的事物，加上美好的想象，就变成了白云。

生：老师，李白未能靠近玄宗的时候，他是不是将朝廷看成了高天上的白云？李白诗中“青冥之长天”很多时候象征皇上、朝廷，等他真的接近了皇上，才发现身在朝廷，根本不是他想得那样可以大展宏图。后来，他得罪了权贵，被皇上赐金放还，就是在写这首诗的时候，他对原来憧憬的世界感到了深深的失望。

师：我明白你的想法。人常常将得不到的东西比作“梦”，因为得不到，没有真实的接触和感受，遂用想象丰满了贫瘠的真实；等到他接近或进入了梦想的世界，基本上会感到失望。——我用这片云彩引发大家的联想，就是想说明：看上去很美的事物，大部分都是梦的力量，是想象在起作用。云，不过是水汽上升时遇冷凝聚的微小水珠。

生：老师，那李白应该醒过来了，他刚刚从云彩上回到人间，怎么又“一夜飞度镜湖月”了呢？

师：从逻辑上讲，他是不该再去做梦。但，我们抬头看云久了，脖子会酸；我们低头看地久了，脖子也会酸。我想与你分享一句话，像李白这种人，就连瞑目之前也要做梦，无止无休。42岁，皇上突然召见他，他“仰天大笑出门去”，顺便向身边人夸耀“我辈岂是蓬蒿人”。61岁那年秋天，他还要去参加平叛的军队，因为生病才未成行，第二年他就去世了。——你可能不是这种人，但你要理解诗人和我们是不一样的人。他们要么看云，要么还是看云。我们常常是在地上累得两眼发黑，才去看一小会儿云。

生：老师，我其实也想一直看云。云像纯净的棉絮，将我混浊的眼睛擦亮了，也让我笨重的肉身变轻了。老师刚才说看云呀看瓠瓜呀，是片刻的间离，李白一生都在与云雾做伴，不是片刻，而是一直“生活在云上”，对吗？

师：我也不确定。我只想告诉你，想看看云，几乎是大部分人的梦；用一生的疯疯癫癫的努力去看云，却是极少数人的命运。李白这次是被黜了，他告别山东老朋友，说要到浙江去，他根本没到浙江就写下了这首诗，说明云就在他心里。所以云端之上，有个盛大的猛兽动物园，那应该是他内心冲突的外化吧。这些都是充满力量的壮美的动物，也适合生活在高天之上。唉——

生：老师“唉”什么？

师：海明威笔下的圣地亚哥经常梦见狮子——非洲草原上的雄狮，李白梦见的是老虎，我经常梦见的是蜜蜂、猫咪，最有出息的一次是梦见了驴子——西班牙作家希梅内斯的《小银和我》中的驴子。

生：好啊好啊，老师，下次跟我们讲那只叫小银的驴子吧。

家族意识在中国现代社会的绵延

——《乡土中国》教学实录1

师：中国传统社会，举全家族之力供有读书资质的孩子读书，这孩子最后参加科举考试，金榜题名之后，是要回报整个家族的，要负担起这个家族的所有事务，包括其他子侄的发展。

生：老师是说我们当中有些没有读书资质的人也被送到学校了吗？

师：注意审题，不要跑题。我要说的是个体在家族中的责任。只有我们，将叔叔和舅舅、堂哥和表哥、奶奶和姥姥、姨妈和舅妈、侄子和外甥、孙子和外孙分得清清楚楚。这是中国人在幼儿时期就要开始认识和理解的伦常。个体是家族中的一员，个体永远与家族发生千丝万缕的联系，有责任和义务，有奉献和担当。

生：老师又要让我们承担什么责任吗？我们作为独生子女的第一代甚至第二代，其实对家族概念已相当陌生了。我家就我爸我妈和我，没有第四人，还有大白和小黑，它们是一只猫和一条狗。

师：正是因为家族观念变化，我们在阅读《乡土中国》时才有了代际隔阂，如果我们还生活在费孝通写作此书的时代，老师就不用费力介绍什么了。不过，有些渗透在血脉中的遗传，我们是习焉不察的，我们还是要来讲清楚。

生：老师，“家族”是不是与我们今天所说的由父母子女构成的小家庭不是一码事了？我看费孝通是这样写的：“一方面我们可以说在中国乡土社会中，不论政治、经济、宗教等功能都可以利用家族来担负；另一方面也可以说，为了要经营这许多事业，家的结构不能限于亲子的小组合，必须加以扩大。而且凡是政治、经济、宗教等事物都需要长期绵续性的，这个基本社群决不能像西洋的家庭一般是临时的。”

师：对的。家族复杂得多。费孝通还说：“如果事业小，夫妇两人的合作已够应付，这个家也可以小得等于家庭；如果事业大，超过了夫妇两人所能担负时，兄弟伯叔全可以集合在一个大家里。”

生：现代社会还有这样的家族吗？

师：有，但情况更复杂。传统村落多是聚族而居、同宗共祖的居民形成的。现在虽然有他姓掺入，虽然有些地方有政府安置的移民，但总体上，大部分村庄仍然保持了这种基本结构。

生：生活在这样的村庄（家族）里的人，要承担什么特别的义务吗？

师：跟现代城市社区不同的是，他们身边的人都是他们的熟人和亲人，有人做了一件出名的事，旁边就会有人说，那是谁谁的儿子（女儿）、孙子（孙女）、侄子（侄女）、外甥（外甥女），听众不一定认识这个人，但总会认识他（她）的爸爸、爷爷、叔叔、舅舅中的一个。这就是亲人、熟人社会的特点。

生：好烦。我就是我。我们社区里的人来自祖国各地，甚至世界各地，我们都是陌生人，最多是点头之交。我觉得这样挺好啊。为什么要彼此牵绊？

师：你说的是现代社会群己沟通时大家共同遵守的基本秩序。

我们这节课主要讨论中国传统社会的因子在现代社会的继续传播。你听说过湖南新化的“复印军团”吗？

生：老师说的是什么？我不知道。

师：课外如有兴趣可以去读一下北京大学社会学系博士冯军旗的相关文章。我简单介绍一下。据冯军旗调查，全国80%以上的复印店是湖南新化县的人开的。复印店的主要从业者为什么是一个地方的人？很简单，他们一个人出来干复印挣了钱，就会把同乡带出来。这是一个可复制的、绵延不断的过程。用他们自己的话说，就是“亲带亲、邻带邻、友带友”。——这些亲邻朋友，大都是聚族而居的村民，靠的就是传统家族的那种凝聚的力量。

生：老师，我们校门口的复印店老板是新化人吗？

师：你可以下课去采访一下。请关注重点，看费孝通的这段话：“家必须是绵续的，不因个人的长成而分裂，不因个人的死亡而结束，于是家的性质变成了族。”

生：我脑子里的家庭是由父母子女组成的，费先生说的家族是为了共同的信仰和经济利益长期存续下去的一种稳定结构。对吧，老师？

师：对，接着说。

生：传统社会里家族的发展具有强大的韧性，主要靠亲族之内各个成员之间的互相支撑；到了现代社会，演变成了地域性的帮衬扶持，老师刚才说的新化“复印军团”就是这样，由一两个人先闯荡江湖，后来带着家乡父老加入这个团队，逐渐形成了一种新的经济模式。老师，我理解得对吧？

师：很好。费孝通说，“在中国乡土社会中，家并没有严格的团体界限，这社群里的分子可以依需要，沿亲属差序向外扩大。构成这个我所谓社圈的分子并不限于亲子”，而是父系这一方面的扩展。顺着这一思路，家族最开始是某一村镇同宗族的同姓村民的集合体，后来逐渐演变为某一地域居民的集合体，他们为了共同的利益发展，形成了相对密切的合作结构，外显形式就是在某一行业具有非常集中的来自某一地域的从业者。上面说全国超过八成的复印店是新化人开的，即为一例。这样的例子很多，譬如山东曹县的网红工厂，据说有三分之一的汉服是这个地方生产的，日本九成的棺材也是曹县制造的。从业者由家族到村镇再到县域，这种新的经济模式在某种程度上，可以说是由家族意识变化和衍生出来的。

生：这中间到底发生了哪些变化呢？

师：这个问题问得好。与传统的单一的家族产业不同，我们今天说的主要是一种由聚族而居衍生出来的地域经济现象，显示了传统社会中家族意识的遗留。这是《乡土中国》所阐述的传统家族意识的发展。今天的地域经济持续发展，已经不是家族内部的事，因为在同一县域成长起来的从业者中，总有领头雁式的人物将这一行业推向业界的顶峰。他们的发展，已经不是“乡土中国”能定义的人物了。

生：老师能举一个例子吗？我听得有点糊涂。

师：好。说一下“巴比馒头”吧。1995年，来自安徽怀宁的17岁辍学少年跟随亲人开始在外做包子，几年后来到上海，在最热闹的街区开包子店。几经起落，25岁的包子师傅在思考：为什么肯德基、麦当劳可以卖到全世界，中国的点心不可以？顺着这个思路，十多年后，从手工做包子到机器做包子，从一家店到多家分店，从自己开店到开连锁店……老板发现，个体店包包子起早贪黑太辛苦，包子的成品化发展是未来的趋势，手工包子将成为奢侈品。于是，他建起了中央厨房，调制馅料运送到所有连锁加盟店，减轻工作强度，保证包子质量。你有没有看出他管理思路中明显的现代意识？2020年10月，他创办的食品公司正式挂牌上市。

生：好励志的故事。不过，这个老板确实不是靠传统家族力量来经营他的事业了。这才是老师讲故事的重点吧？

师：当然。单靠传统家族的“亲人”来做包子、卖包子，店铺永远做不大；靠同一地域的人从事这一行当，也能做出产品标签来，但那还只是一种松散的经济结构。能否持久经营，能否形成品牌效应，能否与现代社会的经营方式接轨，还有一个残酷的淘汰过程。像“巴比馒头”这样的案例，从最基层做起，带着浓郁的家族地域经营特色，又最终能成功上市，确实难能可贵。这算是传统乡土社会的土壤里长出来的现代企业之花吧。

生：老师，你这样说太煽情了，也不符合事实。他是在上海上市的，不是在怀宁。他二十多年的经营，早就脱离了乡土社会。如果要说乡土，其他仍在开小包子店的小老板们，亲带亲，友带友，还在坚持一种古老的经营模式。他们还在眷恋古老的传统，或者说还在传统家族模式下思考和行动。这个“巴比”的老总，肯定不是。

师：你听懂了？我很欣慰。其实，我是想说——

生：老师想说他虽然身价不菲，但他身上仍保持着乡土社会的传统品质？其他人未能抓住机遇，因而不能勇立潮头？现代意识与传统家族观念之间总是有撕裂的时候？……

师：下课了。你继续叨叨。

文字下乡之后

——《乡土中国》教学实录2

语言文字与情感思想

师：关于语言文字与情感意义之间的关系，有哪些经典的表述？

生：得意忘言、言外之意、弦外之音……

师：人的许多想法、情绪变化，某种朦胧的感觉，有时很难用语言准确地传递出来。人很多时候沉默不语，并不代表他的思绪停止；如果要他用语言表达此刻的思绪，他又觉得词穷。因此，语言在表情达意上也有它先天的局限性。

生：作家不是将人类难以表达的情感都用文字传达出来了吗？老师不是常说“状难写之景如在目前，含不尽之意见于言外”吗？语言表达功夫了得的人，也许能穷尽人的一切思绪吧？

师：你说的也有道理。叙事学就很关注叙事时间与真实时间的关系。当叙事时间大于真实发生的时间，许多文字就在摹写时放大、拉长了时间，如长篇小说《追忆似水年华》用几千字描写一个人几秒钟内的思绪；相反，叙事时间小于真实时间，则是概略式的扫描，如“一转眼，十年过去了”。这说明语言文字确有一种魔力，能放大也能压缩时间、心情、思绪。

生：老师，那语言文字与情感意义到底是怎样的关系呢？

师：咱们不是讨论过了吗？思绪有时大于语言文字，语言文字有时大于思绪。不同的人，在不同的情境之下，怎么可能有一致的结论呢？进而言之，语言——我们这里指与文字对应的说话、交谈、谈吐——与用于书写的文字也是两回事呢。

生：这倒也是。有的善于文字表达而不善言辞，有的长于说话而不善写作，当然也有都擅长或者都不擅长的。

师：这也提示我们，语言的表现力，加上手势、表情、说话者的姿态和说话时的情境，可能大于文字的表现力。

生：老师，是不是可以说这也提示我们：文字的表现力，加上严谨的思维、修辞的润饰以及写作者在言语现场之外反复揣摩、思虑、完善的时间，可能大于语言的表现力？

师：反应很快嘛。我们比较两种事物，不要简单地扬此抑彼，而要看到这两种事物在不同情境下各自的优势和劣势，很难绝对地说哪个更优越，但在一定情境下，又是可以比较的。我们不能因为事物在不同情境下各有优劣而忽略具体情境下的对比，否则我们就会陷入相对主义的泥淖。

传统社会中的语言与文字

师：费孝通认为，传统乡土社会中人与人之间的交流主要凭借语言，很少借助文字。“他们生活上互相合作的人都是天天见面的”，他们属于“面对面的社群”。他甚至认为，“文字所能传的情、达的意是不完全的”，现场的交际情境缺失，单凭文字，很难准确传达当时当地的感觉。

生：老师，我们前面讨论了文字与语言各自的优势。费孝通先生在这里强调语言比文字的表现力丰富，主要是说文字在时空条件缺失的情况下，很可能造成原有信息的缺失。其实高明的文字，会通过提醒、暗示等手法，唤起读者的想象力，补充丢失的信息。

师：是啊。语言的现场表达有时也会言不尽意。不过，费先生要讨论的并非言意之辨，而是说乡土社会中，处在社交圈中的人与人经常碰面，无须用到文字。你知道吗，我祖父祖母那辈人中有不少活到八十多岁的老人，生平足迹就在八十平方千米的圈子里，大家抬头不见低头见。不像今天的人，还没上小学，就可能随父母从东半球到西半球去旅行。

生：老师，不用文字难道仅仅是因为人们生活中抬头不见低头见？

师：当然不止于此。文字确实具有独特、丰富的表现力，但也要有丰富细腻的心灵相呼应。不知你注意一个现象没有，在民间情歌里，感情虽然真挚强烈，但表达很直接、简单。看这首著名的信天游："一马马那个平了川呀，亲妹子瞭不见个人。人面前那个想你呀，啊哈哈哈笑；人背后那个想你呀，亲妹子泪蛋蛋掉。"——这种情感强烈、质朴，这种语言透明、热情，但在这种表达里，许多细腻的东西被省略了。

生：老师，这个我不太懂。到底省略了什么呢？

师：你去看那些描写细腻情感变化的文人作品，就会明白，乡村社会，哪怕是表现最具个性情感的民歌，也是模式化的。当然，文人在描写村姑时会加入很多想象，我们在文学作品里读到的村姑，与真实的村姑是两码事。真正的村姑，可能有文人描述的情感，但她未必说得清自己细腻、复杂的心思。

生： 对于这么复杂的事，老师懂得真多。

师： 费孝通先生的意思是在安定的乡村生活环境中，大家的境遇近似，文化心理近似，生活经验也近似。下一代遇到生活难题，必然能从比他年长的人那里获得解决这些问题的方法。他们只需要口口相传的粗线条的生活经验，不需要细腻的个体的体验。痛苦或者快乐时，他们都有合适的歌谣来宣泄自己的情绪，不需要文字来记叙和表现。文字对应的是复杂的、个性化的、细致入微的情感。

生： 老师，你刚才说村姑让我有点走神。现在我明白了，我们面临的是一个瞬息万变的、不确定的世界，我们需要更精微、更丰富的心灵世界，去获得更多适切的生活经验和技术资源，才有可能在这个世界里应付自如。我们今天面临的世界不一样了，所以文字成为生活的必需。

师： 我就是弈秋，也会遇到“一心以为有鸿鹄将至”的你。好了，回到费先生的论著，他的真正意思是说“反复地在同一生活定型中生活的人们，并不是愚到字都不认得，而是没有用字来帮助他们在社会中生活的需要”。所以，扫盲不是当前生活的必需。中国社会基层的乡土性发生彻底变化之后，识字才有必要。简单的“文字下乡”，意义不大。

生： 老师，是不是可以这样说：传统乡土社会里的人是简单质朴的，精神也更健全，他们不需要面对太复杂的人事变化；他们日出而作，日入而息，春去秋来，千年如一日？

师： 传统社会里也有识文断字的乡贤，有隐逸的士大夫，有春恨秋悲的怨女。不过整体而言，在乡土社会里，对更多的人来说，靠听评书、故事获取的人生道理，就足以应付日常生活了。所以，费先生认为，乡土社会的改变，识字并非当务之急。

现代社会的语言与文字

生：老师，现代社会也有许多人依赖语言而非文字。譬如，有人连发短信都喜欢用语音——一种能传播的口头语言，这是费先生当年想不到的。

师：你想过没有，发语音更直接，而且表达更随意。当然还有电话，那就是通过技术实现了语言的即时交流。通信技术为生活带来了巨大的便利，能越洋视频，甚至与太空中的人对话，语言早就不是费先生当年说的那种面对面的交流了。可是，文字总是要斟酌之后才呈现，文字的组织与书写，比语音、语言要繁难一些。

生：许多技术手段能实现语音与文字的转化，是否有一天，这个世界的文字表达会越来越弱化呢？

师：这个我真不知道。我只想提醒你注意一下文字的优势。我们做笔记、写日记、完成各项纸质作业，都要靠书写。文字能让生活速度适当慢下来，书写、记录里能容纳更复杂的思考。繁复的数学运算，单用口头语言就很难表达。社会生活各个领域的理论构建，仅靠口语是不可想象的。

生：那倒也是，我想多了。

师：我们讨论费先生的著作，重点还是聚焦在社会变迁的环境下，人们应该关注什么、人能去改变什么。——这才是核心问题。今天我们早就完成了文字下乡的任务，传统社会也发生了天翻地覆的变化，国家已经迈入现代化轨道，生活秩序不再单一。巨变之后，人们需要什么样的技术准备和心理准备？需要拥有什么样的思维品质和应对能力，才能将社会往更幸福更美好的明天推进？这恐怕不只是掌握文字这么简单了。

生：至少，文字记录的一切信息，还是我们能借助的宝贵资源。

我们今天学《拿来主义》，学什么？

——《拿来主义》教学实录

写作策略：铺陈、层进的论证方法

师：《拿来主义》是一篇颇有文采的经典杂文。说理的逐层推进，论证方式的多样化，设喻的形象通俗且富有趣味，都值得我们赏读。能概述一下本文的论证思路吗？

生：当然能。文章首先批评当下的“送去主义”，指出一味送去会导致亡国灭种；同时指出任由别国“送来”，接受的可能是人家的垃圾，也会损害我们的文化土壤；在此基础上，鲁迅随即提出，必须“运用脑髓，放出眼光，自己来拿”的“拿来主义”。

师：概括清楚、准确。这种铺陈、层进的说理方式值得我们借鉴。如果一上来就直接摆出“拿来主义”的观点，当然也可以写得很犀利，但是在说理的深入上，可能就不如本文的铺陈写法了。所以，我们要在阅读中学会写作技巧，文字的魅力很大程度就在于迂回婉曲。

生：不也有直指人心的写法？或者有些立论快刀斩乱麻，有些论证势如破竹？

师：有。我们说话、表达观点都基于一定的背景。脱离背景说观点，或者反驳观点，都不是真正的对话。

生：老师是批评我吗？

师：老师只是指出生活中常有的语文错误，或者说是无效的言语交流。譬如我发现菜太咸，就对厨师说，下次少放一点盐。厨师回答我："不放盐怎么做菜？"

生：厨师这是"怼"（网络用语，指用言语回应）人。

师：对。你刚才也在"怼"我。当然有不用铺陈的写法，有开门见山的立论，有截断众流的智慧。但我说的是鲁迅的这篇文章的特点，他是要批驳某种观点，才采取了这种写法。

生：老师跟我们说过，一篇文章有一篇文章的特点，作者写文章都是有目的的，他不是闲极无聊坐在桌前硬写什么人生大道理。

师：这世上并不缺少无病呻吟者，但鲁迅不是。如果文章本身的内容并不繁难，我们是不是可以讨论一下鲁迅为什么要写这篇文章？他一定是尝到菜太咸才说"下次少放一点"，不然，前不巴村后不着店地说一句"少放一点盐"有何意义？

阅读策略一：从文集序言看作者写作意图

生：老师，我从哪里知道他为何写这篇文章呢？

师：其实不难。课文下面注释①说，本文选自《且介亭杂文》（《鲁迅全集》第六卷，人民文学出版社2005年版）。我找来《且介亭杂文》这本书，看文集，先看序言，我们看看作者在本书的序言里怎么说的：

> 这一本集子和《花边文学》，是我在去年一年中，在官民的明明暗暗，软软硬硬的围剿"杂文"的笔和刀下的

> 结集，凡是写下来的，全在这里面。当然不敢说是诗史，其中有着时代的眉目，也决不是英雄们的八宝箱，一朝打开，便见光辉灿烂。我只在深夜的街头摆着一个地摊，所有的无非几个小钉，几个瓦碟，但也希望，并且相信有些人会从中寻出合于他的用处的东西。
>
> 一九三五年十二月三十日，记于上海之且介亭。

鲁迅1935年底编印的这本集子，是对这段时间写作的总结，也是他对杂文这种文体的思考。他之所以选择杂文，是因为他觉得当时社会上发生的事，让他不能关在书斋里平静地做学问，不能虚构浪漫的小说。他要用杂文这种文体，记录下这个时代，让自己的文字成为“诗史”。可见，鲁迅对自己的写作是充满文学史的自觉的。

生：鲁迅下笔真好玩：他说自己的文章是路边摊上的几个瓦碟，这个意象谦虚内敛；但他又说自己的文字“有着时代的眉目”，证明他对自己的文章很有自信。他的杂文都是有感而发，而且是被外界的事强烈刺激了，到了不吐不快的地步。鲁迅的杂文对社会发出了强烈的矫正、救治的呼声；他又将这些匕首、投枪一样的文字，说成是路边摊上的“古董”——真是可爱！包括《拿来主义》的写作在内，鲁迅的创作绝非像我们写作文那样是命题写作。

对了，老师，你命题时能不能不要那么“言语乏味、面目可憎”？你为什么总是让我们讨论那些我们根本不感兴趣的话题呢？

师：至于这本文集的得名，也有一段故事。当时作者住在上海北四川路，就是今天的四川北路，这个地区当时是“越界筑路”，属于帝国主义者越出租界范围修筑马路的区域，即所谓“半租界”。“且介”即取“租界”二字之各半。

生：老师，你为什么要“王顾左右而言他”？

师：你问顾左右的“王”去，我回答不出来呀。我也很惭愧。我们现在不提倡写杂文，现在也不是鲁迅的时代了。鲁迅为什么写了十几本杂文而没有写长篇小说，据他自己说：“潜心于他的鸿篇巨制，为未来的文化设想，固然是很好的，但为现在抗争，却也正是为现在和未来的战斗的作者，因为失掉了现在，也就没有了未来。”你看，他为了那时和今天的作者们能“潜心于鸿篇巨制”，牺牲了自己。他迫切地想用手中的笔来矫正他那时所处的混乱世界。

生：他到底遭遇了什么？许多和他同时代的作家不是也写了长篇小说，而且有的也很优秀吗？

师：每个作家都有选择自己写作方向的权利。鲁迅是一个精神上有洁癖的人，当时他与许多人在文学观念上发生了矛盾。我们简单梳理一下：

> 1934年3月邵洵美说鲁迅的杂文“强词夺理”，“意气多于议论，捏造多于实证”。
>
> 1935年4月施蛰存说鲁迅的杂文是“有宣传作用而缺少文艺价值的东西”。
>
> 1935年11月杜衡说“短论也，杂文也，差不多成为骂人文章的‘雅称’”。

这些人在当时——有的甚至在之后都是了不起的文化名流。与他们的冲突，影响了鲁迅的写作取向。

生：说鲁迅文章强词夺理、捏造多于实证，不公允。老师告诉过我们，观点诚然重要，支持观点的证据更加重要，批评鲁迅的人，很少能举出具体的例证。说鲁迅文章有宣传作用，我觉得有宣传作用未必是坏事，写文章的人总想得到知音，观点能引起他人的共鸣，是幸事。如果这是宣传，那也是得其所哉。至于骂人，有的人本来就需要被骂醒。

阅读策略二：从课文注释看作者写作意图

师：纯粹的学理论文，我们一般不考虑其写作背景。论文的价值往往取决于其观点是否新颖、深刻，重点是凭借文章本身的概念和推理过程，理解、揣摩、领会其观点。杂文则多是对时事的批评，一般不以观点的新锐取胜，而往往以对现实的敏锐反应取胜。杂文是时代的晴雨表，是刺激社会现象的针与砭。学习杂文，应考虑文章因何而作，重点分析作者对现实是怎样作出敏锐反应的。

生：老师，你说每课有每课的特点，意思是虽同属论辩类文本，但具体到议论文和杂文，就不能笼统讲论证方式，对吧？

师：我很满意你的总结，是的。将《拿来主义》当作一般的议论文来学习，仅分析其观点和论据，脱离背景讲论证方法，就浪费了这个文本的独特性。这篇文章并未提出特别警醒人心的观点。对待外来文化应采取扬弃的态度，即“取其精华，去其糟粕”，这些观点我们早就耳熟能详，当然不足以成为本文的首要价值。我们要分析的是，鲁迅当时到底在说什么，他的话在今天有何意义。前面我说到，人们表达任何观点都基于某种背景；同理，写文章也是有目的、有所指的。联系起写作意图，才能更好地理解文章的内涵。

生：老师，鲁迅当时遭遇了什么？

师：看课文注释，想想看，鲁迅为何要说“拿来”。

〔碰了一串钉子〕指鸦片战争以后，清政府与英、法、俄、日、美、德、意等国家相继签订了一系列丧权辱国的不平等条约。

〔送一批古董到巴黎去展览〕指当时国民党政府在巴黎举办的中国古典艺术展览。

〔发扬国光〕1932年至1934年间，美术家徐悲鸿、刘海粟曾分别去欧洲一些国家举办中国美术展览或个人美术作品展览……

〔象征主义〕1934年5月28日《大晚报》报道：“苏俄艺术界……拟……邀中国戏曲名家梅兰芳等前往奏艺。”……

〔我在这里不想举出实例〕1933年6月4日，国民党政府和美国在华盛顿签订五千万美元的“棉麦借款”协定，购买美国的小麦、面粉和棉花……

生：老师，将这些材料罗列在一起，我才发现，鲁迅所处社会的尴尬：一方面积贫积弱，与强权国家签订丧权辱国的协定，不得不接受强国的物资援助；另一方面，国民党政府拼命想表现出自尊，送出古董和现代美术作品展览，输出与象征主义毫不相干的演出，更显文化上的捉襟见肘。鲁迅不仅痛感国家的贫弱，还对反动政府的荒唐政策提出了严厉的批评。

师：是啊。生活在贫弱的国家和混乱的时代，民族自尊和文化自信都被强权国家按在地上摩擦，这是鲁迅作为清醒者的痛苦。一个时代必须有这样的守夜人，为国家守护住尊严，为亿万国民的未来担责。鲁迅说要去“拿来”，强调的是我们虽然贫弱，但精神一定要强健，既不能故步自封沉浸在天朝大国梦里不醒来，也不能自甘堕落不思进取，还不能拒绝其他国家无数优秀的先进的文化。鲁迅说得多好啊，只要是鱼翅，拿来吃掉就是；不能为了显示自己的“平民化”就扔掉它。这个世上有多少先进的技术、美好的艺术，我们本可以“拿来”，而不要人为筑起藩篱拒绝文明和进步啊。

生：老师，你又激动了。鲁迅的时代早就过去了。我们现在敞开了胸怀，继续坚持“拿来主义”的原则，我们的路一定会越走越宽！

春风它怎么吹？

——《子路、曾皙、冉有、公西华侍坐》教学实录

师：今天阳光这么好，树叶映在窗玻璃上了，我想起了苏轼的一句话：“庭下如积水空明，水中藻、荇交横，盖竹柏影也。”

生：那是风在吹树叶。老师，今天别在教室上课了，你看春风都在喊我们出去玩。

师：我也想。我带过一群同学出去上过一节课。离学校不远处有片杉树林，树林对面是湖水，蓝莹莹的，闪着光。同学就坐在积年的杉树的针叶上，听我讲课。蜜蜂飞来了，蝴蝶也飞来了。主要是春风在不停地吹，吹得人醉醺醺的，想睡觉。而一个班上有四十多名同学，大家的心思都被春风吹散了，我讲什么呢？这个时候讲《林教头风雪山神庙》？讲《窦娥冤》？我忘了自己当时讲的是什么了，好像是一篇议论文。

生：我懂什么叫大煞风景了。

师：所以，我们还是别出去了，好好在教室上课，春风也可以吹进课堂啊。你先不要用鼻子吹气。今天我们接着讲《子路、曾皙、冉有、公西华侍坐》。这节课我们就讨论一个问题：孔子为何说“吾与点也”？点（曾皙）在孔门并没有突出表现，不像颜回那

样讨老师喜欢，这一天，在“各言其志”的游戏中，他为何胜出，让老师“喟然”？

生：老师嘛，经历那么复杂，谁知道他葫芦里卖的什么药。他一会“欣然”，一会“喟然”，一会“俨然”，一会“循循然”。我觉得他就像您，喜欢捉弄和为难自己的学生。

师：聪明的学生才值得老师多询问，谢谢你。我们回到文本，大家一起读一遍这段文字。两千多年前的某个春天，春天的衣服已经穿定了，五六个成年人，带着六七个孩子，在沂水旁边玩玩水，在舞雩台上吹吹风，然后大家唱唱歌，各自回去。——曾皙描摹的画面，与疆场驰骋无关，与治国理政无关，曾皙出现在这群人里，最多只是一位“冠者”，对吧？

生：曾皙一定很可爱，他愿意和孩子们一起在暮春之际到沂水去沐浴。不过，沂水这地方属于温带季风气候，暮春大概是公历四月份，这个时段的平均气温是10摄氏度，日最高气温也就20摄氏度。曾皙是冬泳爱好者吗？这群孩子敢跟他一起洗冷水澡？

师：这个问题历史上一直有人关注。对于“浴乎沂”，有说是沿着沂水旁边走一走（“浴”乃“沿”之误），有说是春天到水边举行的一种仪式，如《兰亭集序》里的“修禊”（到水边嬉戏，以祓除不祥），并非下水游泳；也有从周代的历法角度考虑的，当时的暮春比我们今天公历的四月份要晚，沂水暮春最高气温曾经超过30摄氏度。不过，这节课我们不讨论这些问题，你不是觉得可爱吗，五六个成年人和六七个孩子才是重点。这群人在水边走一走，在高台上吹吹风、唱唱歌，这才是孔子关注的问题。

生：嗯。我只是好奇，并非有意岔开话题。曾皙描摹的这幅画面本来就很好，孔子喜欢难道不是很正常的吗？

师：孔子对每个学生都很好。但是，细微区分，态度还是有很大差异的。孔子在子路说完之后第一次显示了自己的态度——“夫子哂之”。冉有、公西华回答之后，孔子没有任何表态。最后曾皙说完，夫子喟然叹曰：“吾与点也！”——这些语词显示的微妙的情绪差异，是我们学习的重点，可不能轻易放过去。“夫子哂之”，文本已有说明，我们不用讨论；夫子喟然而叹，为什么他有这样的情绪突转，一定是这些话与他内心的某些东西吻合了，这是我们需要琢磨的。对不对？

生：老师被他眼里平平的学生说中了心思，这是什么感觉？

师：眼前猛一亮，癞蛤蟆变青蛙的感觉吧。

生：老师这个比方不好，应该是青蛙变王子。

师：“王子”请继续。

生：老师教我们读《论语》时，我记住了这样一段话。子路在石门住宿了一夜。早上守城门的人说：“从哪儿来？”子路说：“从孔子家来。”门人说：“是知其不可而为之者与？”——这句话后来成了儒家的一个标签。孔子知道自己理想的实现是非常非常难的，但他的可贵就在于“知其不可而为之”，他应该是四处奔波、四处受挫却痴心不改的那类人吧。

师：孔子既然是这样的人，怎么会对曾皙描述的画面感兴趣呢？曾皙的沂水春风太自在了，太舒服了，与丧家之犬般四处奔走的孔子形象完全不符。

生：老师是在逗我吗？一个意志坚定的人就没有沮丧的时候了吗？一个豪情万丈的人就没有垂头丧气的时候了吗？一个拼命工作的人就不能休闲一刻吗？一个内心有苦楚的人就不能发一下牢骚吗？

师：你一口气说了五个“吗”，你说完了——吗？

生：算了，我先说到这里。

师：你似乎有些赌气。当然，你也说到了要害。曾皙向往的境界是温和、平静、愉悦的，冠者和童子在沂水春风中嬉戏，也在践行礼乐，他们用最轻松的方式实现了薪火相传的任务。孔子一个人完成不了的伟业，需要各类优秀的学生，用不同的方式一起去完成。颜回“一箪食，一瓢饮，在陋巷，人不堪其忧，回也不改其乐”——真理是甜的，通往真理的道路往往是苦的，需要颜回这样的人磨砺自己，需要这样的苦行僧和独行侠。正如你刚才所说，孔子的内心非常丰富，他看重颜回，不代表他就不喜欢曾皙呀。曾皙走了另一条路，这条路更符合人情人性的本来状态，我也喜欢和你们一起吹吹风、唱唱歌，谁愿意主动到陋巷中“饭疏食，饮水，曲肱而枕之”呢？

生：老师，你会唱歌？

师：别打岔，我会在高台上吹风，可以吧？我不喜欢在办公室里“曲肱而眠”，可以吧？我想在春风将细碎的树叶映在窗玻璃上时，带你们出去疯，可以吧？我……

生：老师，你非得凑足五个“吧”？

师：没有。我只能说三个。曾皙也许不够深刻，他也没能为了更多人的利益摩顶放踵，没有颜回那样甘于贫贱的标准像让大众膜拜。曾皙也许是觉得历经一切苦难，就是为了活得更幸福一点。他也没有说可以直接获得幸福，他只是说他的理想。我们的理想难道是在这里做一辈子试卷吗？

生：绝对不是。但是跟老师拌嘴很开心啊。

师：少来。夫子长年在外奔波，还被匡地的愚民骚扰，虽然他大声说“天之未丧斯文也，匡人其如予何”，他相信老天爷不会灭了他，但是他也会有一丝苦味吧。这时，曾皙不经意间说出的普通理想，正好切中了老人家的心。这一瞬间，夫子的眉毛肯定舒展开来了，就像我们，看到这些树叶映在玻璃上，春风吹过来，摇动树叶，影子就晃动在我们的心里。这一刻，我们也短暂地忘记了考试，对不对？

生：老师是说取消这次的月考了吗？

师：你的想法很好。下课！

面对矛盾，怎样“以无厚入有间”？

——《庖丁解牛》教学实录

无处不在的矛盾

师：看《子路、曾皙、冉有、公西华侍坐》《齐桓晋文之事》《庖丁解牛》课文后面学习提示里的两句话，写得多好：理想的社会是什么样的？人应该以怎样的姿态生存于世？

生：那是什么样的呢？

师：“人应该怎样生存于世”，确实是一个值得思考，也是人们一辈子都要面对的问题。我们简单回顾一下本单元的学习。孔子诲语谆谆，他觉得人应该怎样活着呢？

生：他无非是要我们学习学习再学习，努力修身，不断提高本领。这个老头，还是太严肃，而且喜欢教训人。

师：你是不是对《论语》有误解？“侍坐”章里，他表现得多好啊。态度亲和，慈眉善目，都是学生在叽叽歪歪啊，又是鼓瑟，又是“风乎舞雩”。再说，修身，难道不是生而为人的意义所在吗？

生：老师，我不跟你以及孔子他们一般见识。孔子他们太把事情当回事了，我敬佩他，但敬而远之。我喜欢庄子。我一想到孔子就累，我一想到庄子，嘴角就放松了，但是脑子要飞速旋转起来。孔子的道理，我一听就懂；庄子的语言饱满丰富，要费脑筋寻找他的意旨。这样的人，多有意思，他只对能会意的人微笑。对那些榆木疙瘩，他连眼皮也不会抬一下。

师：你品位高。我们今天就来说说《庖丁解牛》吧。

生：老师，我们都有一个小苦恼，就是生活中总是面临着许多矛盾，却不知如何解决。

师：是友谊还是亲情中遇到的矛盾？还是权利与义务的碰撞而产生的冲突？

生：都不是。我们面对的常常是这样的矛盾，老师你看这样一段话：人们倾向于鼓励一个人要在一个领域不断“深耕”，以此获得突破性的进展；而经济学中的“边际递减效应”告诉我们，越往后，进步越不容易。你再看，“少数服从多数”是广为认同的原则，但见识超群的人总是少数。——就是这些问题，总有人问我：对此，你怎么看？

师：有话直说，你拿高考作文模拟题来考老师？

生：老师说反了，是你经常拿这些矛盾的话题来折磨我们。

师：好吧，我们看看庄子是如何处理矛盾的。

面对矛盾的若干种方式

师：孔子说“吾道一以贯之”，这个“道”就是“忠恕”——“己欲立而立人，己欲达而达人”“己所不欲，勿施于人”。这是孔子对己、对人的基本态度，用一个字表示，就是“仁”。曾子曰：“士不可以不弘毅，任重而道远。仁以为己任，不亦重乎？死而后已，不亦远乎？”——将“仁”视为己任，就只有死而后已了。所以，鲁国那个看门的人嘲笑子路：你就是那个“知其不可而为之”的人的学生？

生：老师说这么多干吗？

师：“仁”是孔子思想的核心，“知其不可而为之”是儒家的宣言。他们认为：一切人伦的纷乱，一切矛盾的根源，就在于名分弄乱了，如果正名定分、克己复礼，天下就会太平。他们知道实现这样的理想很难，但愿意为此终生奔走。

生：人的欲望那么复杂，孔子和门徒可以克己复礼，但其他人呢？大家不践行“忠恕”二字，天下怎么可能“归仁”？他真是一厢情愿。他看到了社会不安定的源头，他希望每个人都成为君子，他却不明白，世界存在的本质就是，君子生活在这个世上，小人也生活在这个世上。太多的人是“己所不欲，必施于人”，是“己欲立，则他人不能立”。这些问题，他能解决吗？

师：你很有个人的想法。你不觉得，只要人类存在一天，就会追问：理想的社会是什么样的？人应该以怎样的姿态生存于世？善良高尚的人都希望社会公平正义，每个人活得扬眉吐气，有尊严、有笑容。但是，永远有人在泥淖里挣扎，在不幸的深渊里哀鸣。所以，需要有人呼喊：“由于不可抗拒的召唤/我们没有其他选择。”（舒婷《也许？——答一位作者的寂寞》）

生：老师，其实是有其他选择的。你说的那些人，真的很伟大，那些人拿着锋利的大刀去“解牛”，他们迎难而上，砍骨割肉，大刀阔斧。但就算浑身是铁，又能打制多少钢刀，经得起多少折腾？“良庖岁更刀，割也；族庖月更刀，折也。”以战斗的方法去解决矛盾，有时候能快刀斩乱麻，取得一些效果；更多的时候是治丝益棼，因为一个矛盾的解决，必然带来新的矛盾，矛盾是永恒存在的。

师：接着说。

生：老师是在鼓励我？我很快回到课文上。“知其不可而为之”确实令人景仰，但未必能全面解决问题，因为总是有人“打起灯笼照亮别人”，也总是有人将灯笼吹灭、焚毁。用极少数人的自我牺牲唤醒一大批人的做法，只能是精神上的鼓舞。我觉得最好的办法是每个个体的自我觉醒。而自我觉醒的前提，就是不要去为他人牺牲，“知其不可”就“不为”，想尽办法刺激“他”自己去“为”。庄子不是冷漠，而是像一个严厉的母亲，看起来是放任孩子在无助时痛哭，实际上眼睛一直在暗中盯着孩子。他是“云里日头灰里火”。

师：你谈到了一个很重要的话题，确实有不少人认为庄子消极。你刚才用的比喻很好。冷眼看世人的他，内心饱含热情。他不拿刀去砍骨头，不是回避问题，而是用更高明的方式处理矛盾。“今臣之刀十九年矣，所解数千牛矣，而刀刃若新发于硎。彼节者有间，而刀刃者无厚；以无厚入有间，恢恢乎其于游刃必有余地矣！”——以无厚入有间，真是一种高明的能力，也是处理问题的至高境界。矛盾总是有缝隙的，看起来黑云压城，如果能找到云层的缝隙，是否能让光透过来？看起来是冰火两重天，能否找到一种办法，让火融化了冰？

庄子的智慧核心是“以无厚入有间”

生：“有间”是现实存在，“无厚”就太难了，我们怎么修炼自己，让手中的“钢刀”成为“绕指柔”深入骨缝呢？老师能不能就我前面的问题，给一些示范？

师：又来了。

生：老师不就是解惑的吗？

师：你不是崇拜庄子无为思想照耀下的自我觉醒吗？我回答你其中一个疑问，剩下的看你有没有“慧根”了。前面你提及“深耕”与“边际递减效应”的矛盾，指出人的发展遇到的困境。如果是“族庖”，他的观点很坚决：哪有什么边际递减效应，埋头“深耕”，必有收获。拥有这种思考方式的人，类似于粗野屠夫。——人家明明告诉你继续发展的困境，你还是拿刀就砍，以为努力就有收获，这种人连必要条件和充分条件都搞不清楚，你跟他讲什么逻辑。

生：老师说话也这么生猛吗？

师：别打岔。还有一种“良庖”，可能会这样立论：在一个领域不断“深耕”，这就是我们的宿命；不是最终的成就，而是对这个领域的热情在驱使着我们不断前行。——你发现没有，具有这种思维的人，就比第一种人强，这是不是儒家的那种“知其不可而为之”精神在他身上的体现？

生：那如果是庄子遇到这样的问题，他会怎么回答呢？

师：刚刚说过，庄子的特点是“以无厚入有间”。我们首先分析这个问题的“间”在哪里：“深耕”才能获得突破性进展，但深耕到一定程度会遇到“边际递减效应”，进步变得更加艰难，单靠“深耕”已难解决难题；还需要实现“突破”的超强智慧与能力。如果纠结于这个矛盾的解决，我们就很容易成为“族庖”或者“良庖”。庖丁遇到这样的难题，也会“怵然为戒，视为止，行为迟，动刀甚微”。

生：老师倒是说呀，到底该如何“以无厚入有间”来“解”这头“牛”呢？

师：每个人都有自己的“边际”。你想过没有，“挟太山以超北海”神仙能做到，我们做不到。弈秋教两人下棋，“一人专心致志，惟弈秋之为听”“一人虽听之，一心以为有鸿鹄将至”。我是说，有些事，人类都做不到；有些事，有人能做到，有人做不到。如果抱着必胜的信心，非要去“挟太山以超北海”，那就是抡起大刀砍骨头。人只能做他能做的事。如果他天性“一心以为有鸿鹄将至”，自然很难成为弈秋；只有“专心致志，惟弈秋之为听”，才有可能学成棋艺。要突破“边际递减效应”，首先要知道自己的边际在哪里，并思考有无可能改善自己的行为，提升自己的智慧，在高峰处实现突破。——这些都不是单靠下定决心就能完成的事。有了这些思考，就获得了“无厚”之刃，就能处置那些看似繁难的矛盾。

生：老师是不是有点“提刀而立”“踌躇满志”的快意啊？

师：赶紧去解决你提出的另一个问题，自我觉醒去。

周朴园情感的价值

——《雷雨》（节选）教学实录

情感是真实的又如何？

师：讲到《雷雨》，大家最喜欢讨论周朴园对侍萍的情感是不是真实的，其实这个问题的讨论价值很有限，情感是真实的又如何？

生：有价值的问题是什么？

师：我们运用“真实”一词时常常有个潜藏的前提，即真实地袒露自己的赤诚、热爱、勇敢、担当等，却有意无意地忽略了暴露自己的狡诈、自私、卑怯、无耻等品格也是真实。如果是后者，真实又如何呢？周朴园真实显露了自己的无情无义、自私残忍，当然也真实展现了少不更事时对侍萍的情感和三十年来想起往事时的自责。如果我们分析这份情感的价值，可能更有利于认识这个人物的本质。

生：周朴园是个什么样的人物呢？

师：周朴园是一百多年前的比较典型的成功男人，家境优渥，实业做得很成功，虽然在资本原始积累时期，他发的是“绝子绝孙的昧心财”（他的亲生儿子鲁大海的原话）。如果时代平缓前进，他会积攒财富，洗白自己，进入主流社会。安富尊荣，是他可以预见的未来。

但是，财富似乎并未给他带来日常生活的欢悦，他甚至连心灵的宁静也达不到。

生：有钱人也有苦恼。

师：普通人不要用这种不咸不淡的话安慰自己平庸乏味的人生，因为绝大部分有钱人活得比没钱人快乐，不然，芸芸众生为何苦苦追求财富？是否苦恼，与钱没有关系，与这个人的本质有关系。

这个人的本质是什么？

师：周朴园在家庭中是传统的家长，但他的家庭并没有传统伦理要求的夫和妻柔、父慈子孝、兄友弟恭。他的几次恋爱、婚姻，都不顺心。周朴园喜欢侍萍却没能和她在一起，与蘩漪的婚姻沉闷乏味；上一代的恩怨延续到下一代，周萍爱上继母蘩漪，后又与同母异父的妹妹四凤相恋，伦常全失，门楣玷辱，周朴园作为家长难辞其咎。

生：老师想说什么呢？

师：想讨论周朴园为什么把本该好好的生活弄得一团糟。

生：周朴园年轻时贪恋侍萍的年轻貌美，侍萍年轻不懂事，不明不白为他生了两个儿子。总有一些年轻的女孩子因为年少无知，梦想着通过婚姻“逆袭”，成为“女主”，可是残酷的生活终于教会了她，在最底层三十年的挣扎，侍萍应该看清了生活的真相。如果周朴园一开始恋爱的对象就是门当户对的小姐，侍萍就逃过了这一劫。如果周朴园从一开始压根儿就没想着跟侍萍在一起，他就不该骚扰人家；如果清楚自己的最终选择还这样做，那他就是个人渣。

师：周朴园是富家子弟，应该有一点眼光和定力。遗憾的是，他在爱情面前，也表现得很轻浮。我补充一点背景知识。曹禺写这部作品时才23岁，仅从人生阅历看，应该未必懂得情感的复杂，但剧本揭示的复杂情感远远超出了他的年龄。有意思的是，曹禺凭借《雷雨》登上了中国现代文学的舞台，也“赢”来了他的第一任妻子——他的清华大学同学郑秀。两人门当户对，由热恋进入婚姻，育有两个女儿。可是婚后没几年，曹禺就移情别恋。

生：曹禺也很“渣”。

师：这节课不是模拟道德法庭。我说作者本人的生活经历，是想让大家聚焦周朴园的问题：人性这么复杂，哪里是一个“渣”字就能概括得了的。周朴园年轻时真心喜欢过侍萍，因为地位不对等，他抛弃了侍萍和小儿子，非常残忍。曹禺因为爱上了新人，抛弃了他曾经真心爱过的人，其实更加残忍。对不对？周朴园还有另一个理由，青春期过去了，发现两人的差距太大了。曹禺和郑秀的差距没有这么大吧，郑秀一直对曹禺念念不忘，临终前曾希望与曹禺见上一面，曹禺连这个机会都没给她。

生：老师，这样的人让我很失望。

师：我补充这些背景资料，是希望大家置身于情境中理解人物的行为，先不要急于评判是非。我们歌颂忠贞的爱情，但也要理解情感的变化。热烈、真诚地爱一个人，事过境迁，爱情消失，这是完全存在的事实。现世中，热烈的情感转换为持久的亲情，促进了家庭的稳定，这是绝大多数人的生活状貌。但总有一些人，精力充沛，情感饱满，只有饱满的情感才能激发其生机和活力。用严格的道德衡量，他们确有瑕疵，但这类人的创造力比普通人更突出，只要情感真挚，正常的社会应予宽容。远的如歌德、拜伦、乔治·桑（男女不论），近的如郁达夫、沈从文、曹禺。我们如果简单地说他们“渣”，似乎掩盖了许多问题。

丰富性之上的质性特征

生：那周朴园的本质到底是什么？

师：周朴园保留着侍萍在周公馆时的房间布置，保留着他们相爱时的一些信物，他误以为侍萍已死，还想着把她的坟墓修一修，好像在心底深处保留着对侍萍的所有记忆。——这是大家讨论周朴园性格丰富性的具体例证。我希望大家从丰富性中还要看到人物的质性特征。

生：老师是说尽管一个人在不同时期不同场合有不同的性格侧面，但还是有一个让这个人区别于其他人的本质特征，对不对？

师：你总结得很好。真挚地爱一个人，至少在爱情发生的时候，要考虑对方的未来，要将自己的命运、体面和对方的前景放在一起考虑。爱本质上是奉献，越能奉献，这个人内在本质越丰富。

生：老师您等会儿，我好像明白了。周朴园心里其实没有爱，至少不会爱，这也是他悲剧的根源。他年少时喜欢侍萍，那只是生物本能；他为了娶门当户对的妻子，在除夕夜将为自己生了两个孩子的侍萍，包括出生仅三天的小儿子，毫不留情地撵出家门，这种行为，周朴园终其一生，不管用什么借口，都无法为自己辩驳。

师：周朴园觉得自己情感世界荒凉，根本原因是他的心里原本就没有爱。每个人年轻时都有可能犯下让自己事后揪心的错误。——不是错误本身，而是对错误的态度最能见出这个人的本质。三十年后，当侍萍重新出现在周朴园面前，周朴园见到念念不忘的恋人，如果表现出惊喜，或者真诚地向对方忏悔，那么，这份被岁月磨蚀的情感还有可贵的沉淀。可是，当侍萍的出现可能危及自己的体面、稳定和安全时，周朴园一下子撕掉了温情脉脉的面纱，严厉地追问：“你来干什么？”——这一句话才是认识周朴园本质的钥匙。

生：老师，我顺着您的话做一些推测：周朴园根本没有后悔自己当初的选择，如果往事重来，他还是要撵走侍萍。他所有的回忆都是在矫情地塑造自己多情的形象，用来对抗他当下冷淡乏味的婚姻。当怀念的爱人来到面前，当初的美丽姑娘变成了如今的老妈子，他担心的是对方来讹诈他，他感到的只有恐惧，他原来是一个好龙的叶公。

师：是的，男孩子们，女孩子们，高贵的情感不只是贪恋“巧笑倩兮，美目盼兮”的当下，更要为对方铺设好的未来。如果中途改弦易辙，至少要对自己的错误或罪孽有真诚的忏悔。我们做不了一个高尚的人，至少要做一个诚实的、有担当的人，不能像周朴园那样试图拿出一张支票来抹除被自己伤害了半生的女人一生的不幸。周朴园即使有片刻真实的情感，这种没有价值的情感，也只能证实他的心灵是一片不毛之地。有个人，犯过跟周朴园类似的错误，但他真诚忏悔，并通过实际行动，最终获得救赎。那个人叫聂赫留朵夫，我们有机会再说。

哈姆莱特何以被称为“忧郁的王子”？

——《哈姆莱特》（节选）教学实录

哈姆莱特内心的矛盾

师：课文后面的“学习提示”有这样的文字：“哈姆莱特被称为‘忧郁的王子’，他的内心充满矛盾，常被深沉的无力感和幻灭感笼罩。”——你们看了《哈姆莱特》，知道他内心纠结的是哪些矛盾吗？

生：我首先看到的是哈姆莱特想复仇又不断拖延。为何他不停地叽叽歪歪，就是不去行动呢？

师：哈姆莱特“美丽、纯洁、高贵而道德高尚”，但他缺乏杀伐决断的能力，他翻来覆去，沉浸在对人性的拷问中。一个特别纯粹的人，在污浊的生活中，总是格格不入的。如果仅仅保持个人的纯洁，哈姆莱特没有任何问题，他可以远离是非之地，像他对奥菲利娅说的那样“出家吧”，像中国传统文学中的隐士，住在山林之中。可这国家的事也是他家的事，他不能躲开，必须承担复仇的重任，那他就得回到现实中。你想想看，这么纯洁的人，在现实中与敌手做斗争，他得用阴谋、狡黠甚至卑污的手段行事，他会吗？所以，他总是一次次拖延。

生：那他可以好好爱奥菲利娅吧，与这个纯洁美好的女孩子的爱情，是他不幸命运中的光亮点，足以抚慰他忧伤的心。为什么在爱情面前他也如此脆弱、优柔寡断？

师：他们的恋情被阴谋所包裹。奥菲利娅有个全无心肝的父亲波洛涅斯，这个佞臣深得国王的信任。你看，莎士比亚给这对恋人设置了怎样的社会关系：国王（哈姆莱特的叔叔）是杀害哈姆莱特父亲（老国王）的奸贼，国王的宠臣又是哈姆莱特深爱着的奥菲利娅的父亲。因此哈姆莱特与奥菲利娅相爱，就不是简单的青年男女之间的恋情，而会很快陷入复杂的纠葛之中。奥菲利娅对哈姆莱特一片痴心，由于幼稚和轻信，她成了国王和父亲阴谋的工具——无意中充当了帮助国王和父亲偷听哈姆莱特内心真实想法的“奸细”；哈姆莱特为了保护自己而装疯卖傻，深深伤害了奥菲利娅，最终导致她发疯而死。请留心，爱情并非本剧的主题，爱情的毁灭是本剧诸多毁灭中十分惨痛的一幕。

永恒之问：生存还是毁灭

师：面对仇人不能杀伐决断，面对情人不能赤诚相对。我们看看他内心到底是怎样想的，他真的只是一个软弱的懦夫吗？读一读课文中第三幕第一场他内心独白的第一个疑问句。

生：“生存还是毁灭，这是一个值得考虑的问题。默然忍受命运的暴虐的毒箭，或是挺身反抗人世的无涯的苦难，通过斗争把它们扫清，这两种行为，哪一种更高贵？”——老师，忍受一切暴虐，怀有巨大的包容心，含羞忍辱，是坚韧的高贵；果决地反抗，彻底清除罪恶，是现实的胜利。后者难道不是更了不起吗？

师：我们接着往下读。“死了……我们心头的创痛，以及其他无数血肉之躯所不能避免的打击，都可以从此消失，那正是我们求之不得的结局。……谁愿意忍受人世的鞭挞和讥嘲、压迫者的凌辱、傲慢者的冷眼、被轻蔑的爱情的惨痛、法律的迁延、官吏的横暴和费尽辛勤所换来的小人的鄙视，要是他只要用一柄小小的刀子，就可以清算他自己的一生？”

生：老师的朗读奔腾咆哮，这些句子很饱满，音节好像充满了口腔。

师：你的感觉很好。莎士比亚的语言就是这样，如激流冲过山岩，虽有阻碍，仍然一泻千里。上面的独白，概括起来，不过是说：人如果不愿意忍受尘世的苦难，不如一刀结束自己的性命。但是他的铺排，就如满眼繁花，竞相开放；又如亭台楼阁，廊腰缦回。人在现世中，总会遭遇讥嘲、冷眼，人的美好的情感常常被忽略、蔑视，人的基本诉求往往被拖延、鄙视，随便一组句子，就写尽人世的苦痛，不同的读者自然会联想到自己的失意人生。这就是莎士比亚。

生：老师的话，让我的嘴巴里也有了一点苦味。我就常常盼着老师听完我的发言夸夸我，发下来的作文里有赞叹的评语，可是，几乎总是落空。

师：未来人生的失望比这强烈十倍、百倍，你要学会体验苦痛、鞭挞。“鸡汤”的温暖只能使人在真实的风寒里冻毙得更快。

生：老师不要吓唬我，老师活这么大岁数，也没有被命运教训得彻底趴下，是什么让老师战胜了沮丧呢？

师：问得好。继续往下看哈姆莱特的独白：“谁愿意负着这样的重担，在烦劳的生命的压迫下呻吟流汗，倘不是因为惧怕不可知的死后，惧怕那从来不曾有一个旅人回来过的神秘之国，是它迷惑了我们的意志，使我们宁愿忍受目前的磨折，不敢向我们所不知道的痛苦飞去？”——明白没有？人在现世中注定要受到种种斫伤，但人不愿意放弃自己的生命，因为“死后的世界不可知”。所以，有仇必报诚然果敢，但如果因为考虑不周，仇未报而身先死，那种永远告别世界的恐惧，让人不敢贸然行动。

生：哈姆莱特在解释他为何犹豫不决，老师在阐释王子内心的彷徨忧伤？似乎是这样，你看，“重重的顾虑使我们全变成了懦夫”，顾虑重重，就是行动的敌人。我们提倡立场坚定，态度鲜明，行动坚决，这应是做人的美德。但前提是你要保证立场、态度正确，否则坚决的行动就是粗疏和鲁莽。

师：这次我真的要夸夸你了。我们常常被宏大的词语所裹挟，不去思考这些词语与外部世界的真实关系，没有在公共道理与个体认知之间建立起属于自己的亲密的通道。那么，这些公共的道理就永远只是说说而已，而没有切肤之痛。人的灵魂被真理触动时，一定得有自己的独特的感受，而不是仅仅用坚定的立场锁定自己蒙昧的认知。你看，这样一想，哈姆莱特在复仇面前的担忧就变成了人类共同的担忧：“决心的赤热的光彩，被审慎的思维盖上了一层灰色，伟大的事业在这一种考虑之下，也会逆流而退，失去了行动的意义。”

生：哈姆莱特陷入了某种虚无之中。我们反对那种对现实世界一无所知就急于行动的莽夫，同样也反对永远处在思虑之中而无行动的柔弱的思想者。

师：这就是我反复跟大家说的辩证思考。哈姆莱特的忧郁、犹豫不决，对既定概念的反思和反省，主要是对鲁莽行动的否定；哈姆莱特最后的复仇行动表明了他并非害怕以死相搏。剧本中，还有更复杂的矛盾，值得我们进一步探讨。

每个人都只了解局部的真相，知道全局的人才更绝望

生：老师的意思是哈姆莱特的忧郁有更深层次的原因？

师：哈姆莱特可以一剑刺杀叔父，但是克劳狄斯代表的邪恶力量像一张大网束缚了他的手脚，让他感到深深的无力。

生：老师说详细一点。

师：哈姆莱特受过良好的人文主义教育，但他在宫廷中看到的是与理想背道而驰的阴谋、专制、贪婪。克劳狄斯手腕高明，坏人的脸上并没有贴有坏人的标签，很多时候，坏人看上去是英明神武的，还获得了许多蒙昧臣民的拥护。克劳狄斯布设了严密的网络，从奥菲利亚的父亲波洛涅斯，到朝臣罗森格兰兹和吉尔登斯吞，都是克劳狄斯的眼线。他，集军政大权于一身，扳倒这样一个专制独裁者，谈何容易？当百姓“苦秦久矣”，推翻独裁者就会“天下云集响应，赢粮而景从”，但当独裁者大权在握而哈姆莱特的力量不足以与其抗衡时，刺杀克劳狄斯一个人，整个宫廷是不会得到彻底清算的。

生：所以，他的不行动并非胆怯、犹豫，而是他看到了任务太复杂。我明白了，知道得越少，态度越容易坚决；知道得越多，可能就会对整个宫廷的体制，对人性都产生怀疑。王子忧郁，大概是他看透了人性中太多的背叛和残忍，太多的愚昧和盲从吧。

师：你自己想，我这里没有结论。课后看看全剧视频。课文包孕的内容太丰富了，最好还是看看原著。我只给你们强调一个现象，这些轮番登场的剧中人，对整个事态的发展都是局部的知情者，他们的行为、命运让人叹惋；看完全剧，你会更深地感到哈姆莱特的无奈。

生：老师请稍微说明白一点，我们才有阅读的兴趣。

师：剧本中，克劳狄斯和哈姆莱特知道得最多。

克劳狄斯是最大秘密的制造者和掩盖者，暗杀先王这件事，是整个剧本冲突的原初动力，这个秘密只有他自己知道，近臣波洛涅斯和王后毫不知情；当他阴谋败露想要杀害哈姆莱特时，王后对此仍然一无所知。王后知道哈姆莱特复仇的念头，但绝不敢如实地告诉克劳狄斯。她在整个悲剧中是背叛者，也是软弱的受害者。

哈姆莱特受父亲鬼魂的启示，知道事情真相，但他没有坚强有力的盟友支持，连最爱的姑娘也不能成为盟友。克劳狄斯和波洛涅斯硬要她用谎言探测哈姆莱特的意向，哈姆莱特怎敢和她交心？真情不能吐露，有时还要对恋人保持警惕。——你们想一想，哈姆莱特是多么孤独。

克劳狄斯和哈姆莱特是整个剧本的冲突双方，只有他们知道整个事态的真相。克劳狄斯操纵一切，他隐瞒越深就越能守住手中的权杖；哈姆莱特知道一切，却不能获得有力的支持，还要时刻提防对手的偷袭和盟友无意的泄密。

生：我懂得哈姆莱特的“忧郁”了。当这个世间无人可以诉说秘密时，哈姆莱特内心仇恨的火焰会将他烤干。他迫切想要用利剑处置纠纷，结果却发现自己被封闭在一个巨大的泡泡里，无能为力。

师：当文本中某个主人公掌握一切秘密却无人可以诉说时，要么他是孤独的独裁者克劳狄斯，要么他是怀着人文主义理想的、清醒却无力的哈姆莱特。

词语的魔力在哪里？

——《说“木叶”》教学实录

好的文学语言是一种半透明的符号

师：我课间读到一段有趣的文字，跟大家分享一下吧。

生：谁的呀？

师：汪曾祺。

生：我喜欢他，但我不知道他的语言好在哪里。

师：好的文学语言应是一种半透明的符号，汪曾祺语言的意味往往就在不确定的含蓄与朦胧之中，让我们觉得特别亲近。我们还是来直接看他的文字吧。

> 英子跳到中舱，两只桨飞快地划起来，划进了芦花荡。
>
> 芦花才吐新穗。紫灰色的芦穗，发着银光，软软的，滑溜溜的，像一串丝线。有的地方结了蒲棒，通红的，像一枝一枝小蜡烛。青浮萍，紫浮萍。长脚蚊子，水蜘蛛。野菱角开着四瓣的小白花。惊起一只青桩（一种水鸟），擦着芦穗，扑鲁鲁鲁飞远了。（《受戒》）

生：读这种文字，让人觉得活着是一件美好的事。

师：你这话我爱听。我们来看看汪曾祺的用词：“紫灰色”“发着银光”“软软的，滑溜溜的”“通红的”，这些都是充满活力的鲜润的颜色，都是饱满的生命状态。最有意思的是“青浮萍，紫浮萍。长脚蚊子，水蜘蛛。”——这是典型的名词叠加式意象描绘法，记得古诗里熟悉的句子吗？

生：“枯藤老树昏鸦”“鸡声茅店月，人迹板桥霜”，不过这些古人都太文雅、太文弱了，只有汪曾祺，才有无尽的活力，在他笔下，连蚊子、蜘蛛都是可爱的。

师：对，而且是精力饱满的。这里本来就是长脚蚊子、水蜘蛛的世界啊，是我们打搅了它们。如果我们能够做安静的看客，也许蚊子、蜘蛛也能接纳人类呢。

生：我好想跟它们一起玩，在水面滑来滑去、滑来滑去，我也能成为滑溜溜的、发着银光的生物就好了。

师：明白了吧，好的文学语言毫无阻隔地让你进入了它的世界，所以我们说这种语言是半透明的，没有任何隔膜的，你一读它，就被它消融了。

生1：有那么玄吗？不就是些丑陋的虫子吗，还有一些杂草。

生2：那是。在你眼里，郭沫若《立在地球边上放号》不也就是看到了一些云彩和一些水嘛，雪莱笔下的云雀不就是一只鸟嘛。

师：允许他发表不同意见。审美的事，更多的是趣味，不必强求。各人寻找各人的喜乐。

生：老师，我觉得最后一句“扑鲁鲁鲁”也好有意思，一般来说，“扑鲁鲁”就够了，我记得老师说过，柳永的“念去去，千里烟波……”就连用了两个“去”字，表示分别时的依恋不舍。汪曾祺偏偏用了三个“鲁”字，你念念看，“扑鲁鲁鲁”——看来这只鸟翅膀扑腾的时间特别长，动静特别大，特别有活力。我想，作家在写作这段文字时，脸上一定带着调皮得意的微笑。

师：你是懂得文学语言之妙的。好啊！

生：老师，我能理解。汪曾祺，我还是懂的，刚才是开玩笑嘛。正像老师前几天跟我们说的，文学语言的最高境界是怀有无意的心态，才能写出毫无挂碍的文字。

师：难为你还记得我说的话。不过，这句话是顾随先生说的，他说，诗的最高境界是无意，如王维的“雨中山果落，灯下草虫鸣”（《秋夜独坐》），如陈与义的“孤莺啼永昼，细雨湿高城”（《春雨》）（板书）。这些诗岂止无是非善恶，甚至无美丑，而纯是诗。

生：老师，我有点似懂非懂。

师：语言是思想、观念达到的境界的表现。一句话写得好，本质上不只是某个词语用得好，更多的是作者思想、心绪抵达的境界——他对某种情绪、某种观念的区分和把握——比普通人细微得多，绵密得多。

生：我还是没能完全理解老师的意思，但我知道了，我们只关注某个句子用了什么修辞手法，某个动词用得准确，这些只是欣赏文字的入门。文字的妙处，值得深究的地方很多。

师：你说得很好啊，我们这个开场白够长了。今天我们要讲的是林庚的《说“木叶”》，据林庚先生的考证和个人体验，中国古代诗歌中的一个词，就有这么复杂的意味，所以，对文字的咂摸、把玩，是语文学习一辈子的事。

“木叶”与“树叶”的区别真有这么神奇？

师：刚刚说到文字之妙是作家思想与思维抵达的境界，非简单的一词一句之妙；我们看林庚分析“木叶”“树叶”的区别，能发现一个文学批评家的心思可以细致到什么程度。林庚发现古诗用“树叶”的十分少见，于是对“树叶”“木叶”“落叶”“落木”这些近义词语造成的诗的意境的微妙差别，做出了精细的美学辨析。你们概括一下他的主要观点。

生：“木叶”成为诗人钟爱的意象，关键在“木”字。“木”有两个特征：似乎“含有落叶的因素”“有颜色的暗示性”，因此“木叶”成为诗人钟爱的形象。——哇，我总结得好无趣。

师：你总结得很好。但文学鉴赏还需要让更多的个人感受参与进来。为了更好地理解这个文本，我们将阅读视野拓展一下。我们先看林庚的疑问：

> 我们在古代的诗歌中为什么很少看见用“树叶”呢？……自屈原开始把它准确地用在一个秋风叶落的季节之中，此后的诗人们……都以此在秋天的情景中取得鲜明的形象，这就不是偶然的了。

——对呀，为什么屈原用“洞庭波兮木叶下”，不说“洞庭波兮树叶下”呢？

生：老师，我记得“树”最开始的意思是动词“种植”的意思，先秦时期是不是还没有将“树”作名词呢？

师：这个问题问得好。我读林庚此文，一方面惊叹他精细的文学感觉，一方面也疑心他是不是有些过分依赖自己的感受了，后者是文学鉴赏最易失衡的地方。概括容易枯涩，感受又容易偏执。所以，体会语言文字之妙，既要有精微的感受，又要有精确的理性分析。你怀疑“树”在先秦时期本来就不是名词，这种想法很大胆，今天用电脑搜索资料查证，也不是难事。我告诉你检测的结果（板书）。

《论语》：“树”出现两次，均作动词。（例句略）

《孟子》：“树”出现九次，均作动词。（例句略）

《楚辞》：“树”出现十九次，其中七例为动词，十二例为名词；十二例中有七例为“桂树”这一固定词语，其他五例为“杂树”“枯树”“树木”“树轮”“嘉树”。

所以你的怀疑是有一定道理的。在屈原那个时代，至少在《楚辞》里，尚未发现“树叶”这一词语，而且在同时期的文献里，“树”多半是作动词用的。那么“洞庭波兮木叶下”也就是当时语境中自然的选择，不过，《楚辞》中“木叶”也仅此一例。

生：老师，我理一下思路。屈原那个时代，没有“树叶”一词，要说就说“叶”，将“木”与“叶”组合，林庚说这是屈原的“惊人的天才发现”，对此，我是同意的，因为《楚辞》里“木叶”仅出现一次。“洞庭波兮木叶下”这句诗的意境太唯美，被后世诗人竞相袭用，于是固定成了一个表示秋天落叶的典范意象。

师：你说得没错。在历代诗文里查阅“木叶”一词，大约查到三百多处，基本是对屈原“洞庭波兮木叶下”语词和意象的袭用。但是林庚这篇文章标题叫《说“木叶”》，重点却在说“木”的两个暗示意义，正如你刚才总结的“木”似乎有“落叶”的意思，还有颜色的暗示作用。——这一点还是很值得玩味的。因为屈原的这句诗，“木”似乎有了“落叶”的意思，林庚不敢将这层意思说死，他很聪明地加了一个词——“似乎”；在说颜色时，他下笔也很谨慎，用的是“还会带来‘木’所暗示的颜色性”，他用“带来”一词暗示读者，看到“木”，想到“干燥”“透着黄色”，属于一种联想。

生：说明他的文学鉴赏还是重个人感受。

师：重个人感受没错啊，没有对词语敏锐的、个性化的感受，就没有文学鉴赏。当然，好的鉴赏还需要充实的论据的支撑，包括丰富的语料、古汉语音韵、训诂、语法等知识。

脱口而出的鲜活语言：截你爷头，截你娘头

生：这篇课文看起来好累，虽然也不乏让人击节叹赏的地方。

师：这是林庚的学术论文，非专业读者读起来当然有些累。他发现了“木叶”这个词语丰富的包孕性，揭示了文学鉴赏过程中暗示与联想的重要作用，这些都是了不起的创见。我们学习的重点是梳理他观点形成的过程，而不是简单地认同他的观点。

生：老师，这节课不是讲语言的魔力吗，快下课了，能不能讲一些好玩的语言呀？

师：这样的例子太多了。我们来看宋代周密《齐东野语》里记载的一个皇帝的批示（投影）：

> 梓人抡（挑选）材，往往截长为短，斫大为小，略无顾惜之意，心每恶之。因观《建隆遗事》，载太祖时，以寝殿梁损，须大木换易。三司奏闻，恐他木不堪，乞以模枋一条截用（模枋者，以一人立木之两傍，但可以手摸，不可得见，其大可知）。上批曰：“截你爷头，截你娘头，别寻进来。”于是止。

生：这皇帝太可爱了吧，笑死了。

信息时代，我们如何面对网络谣言？

——“信息时代的语文生活”教学实录

网络谣言的类型

师：传播过程中信息失真的情况包括：有时，信息本身真实，但在传播过程中产生了损耗和扭曲；有时，真实的信息被传播者夸大、隐瞒、剪裁和篡改，以达到某种目的；有时，信息本身就是假的，以讹传讹……你碰到过这几种情况吗？——大家说说自己遇到的情况吧。

生：太多了，说不完，我们早已被谣言淹没。老师，我听说了一种新颖的观点，过去我们对谣言的定义是“没有事实根据的传闻”，现在有一种意见，建议将谣言定义为“未经证实的传闻”。如果是后者，谣言的外延就更大了。

师：这个观点很好，避免了传统定义的“谣言”后来被“证实”的窘况。如果将谣言定义为“未经证实”的传闻，后面可以证伪，也可以证实，那就与人们调侃的“谣言是遥遥领先的预言”一致了。我们这里还是说被证伪的谣言吧。

生：我说一个违背科学常识的吧。网上有人传播说，橘子分公橘子和母橘子，母橘子的底部是一个小圆圈，公橘子的底部是小圆点。母橘子发甜，公橘子发酸。

师：当作童话说说，似乎可以。真实情况呢？

生：橘子下方的“脐”是花柱脱落的痕迹，果皮组织发育速度比果实的其他部分慢，所以形成一个略微凹陷的“脐”，小圆圈、小圆点都是花在果实上留下的疤痕，哪有什么公母？“脐”部果皮的发育与果实的味道也没有关系，真正影响橘子味道的是品种、土质、肥料、日照、树龄等。

师：你从哪里获取这些信息的？

生：中国科普网、果壳网等。我们不可能知晓日常生活中的所有科学知识，但我们可以多渠道查阅、了解这些知识。

师：不同年龄、不同领域的人关注的对象不同。有生物学常识的人不可能相信橘子有公母；高中生对有关高考的谣言，也应该有基本的判断能力。如每年高考前，就有“网售高考试题答案”的信息传播——高考试题和参考答案属于绝密级国家秘密，《中华人民共和国刑法》规定，在法律规定的国家考试中，组织作弊的，处三年以下有期徒行。网上兜售所谓高考真题答案，均是诈骗。高考志愿填报前夕，网上马上有人宣称“认识黑客，花钱即可修改高考成绩”，或“掌握内部大数据，可精准填报志愿”，但均需考生家长缴纳高价“服务费”“咨询费”。——这不过是利用考生和家长的焦虑心理，传播谣言，实施诈骗。了解相关政策，我们就不会轻易上当。

生：老师，我们刚才说的谣言或者违背科学常识或者违背法律法规，比较好判别。但有些信息真中有假，则难以分辨。譬如我看到这样一则信息：2022年10月湖北省供销社发布消息称，湖北省实施“基层社恢复重建工程”取得阶段性成果；不久，中华全国供销合作总社发布招录公务员公告；社交平台上有关20世纪80年代供销社的视频不断传播……有人说，代表计划经济的供销社回来了，意味着我们对市场化改革路线要重新审视。

师：具备科学和法律法规常识，可以帮助我们甄别谣言，但社会生活中复杂的信息，需要更专业的解读。有些谣言是恶意传播，制造恐慌；有些谣言可能是对政策理解有误。你说的供销社，其实这个机构一直存在，只是现阶段的供销社已不是传统意义上的计划经济产物，它基本形成了符合合作制理念和市场经济取向的供销合作社新体制，目的是在市场经济中更好地发挥合作经济的功能。

生：网络谣言实在太多了，不过它们有相似的面孔，总喜欢采用耸人听闻的表达方式，如“惊爆”“速看”“马上删”“不转不是中国人”；往往没有出处，看上去言之凿凿，仔细审视，缺乏清晰的时间、地点。从内容上看，常见的网络谣言有哪些类型？

师：你对网络谣言表达形式的概括很准确。熟悉了他们惯用的表达形式，也就提升了我们的鉴别能力。至于内容，常见的网络谣言主要有灾害（自然灾害、社会灾难）谣言，扰乱日常生活秩序、破坏社会稳定的恐怖谣言，骇人听闻或令人发指的犯罪谣言，食品及养生、健康方面的谣言，等等。当然，网络谣言的内容与表述形式也在不断变化，辨识谣言，需要持续的努力。

人们为什么会信谣传谣

生：那些最终被证伪的谣言，人们为什么一开始会相信并热衷传播呢？

师：这是一个很复杂的问题。我先说说。譬如一个热点事件发生时，人们都会急于寻找答案。而事件本身越复杂、调查结果需要的时间就越长。人们追寻真相的迫切愿望与调查之间有个时间差，这时就会有许多真假难辨、善恶掺杂的信息传播开来。如果有某个信息恰好符合我们的想象，我们就很容易接受它，并希望他人也接受，从而加入传播的队伍。

生：原来老师也这么不坚定，也有八卦心理。

师：我只是陈述、分析一种现象。大家也说说。

生：有些信息我开始看了根本就不信，但见到老师、同学都转发了，我心里就打鼓：也许他们说的是对的？万一这是真的呢？然后，我就自我怀疑了。老师，我这属于意志薄弱吧？

师：不好从个人意志上评价。这属于“回音壁效应”：在一个相对封闭的媒体环境中，一些意见相近的声音不断重复，并以夸张或其他扭曲形式重复，令处于相对封闭环境中的大多数人认为这些扭曲的故事就是事实的全部。

生：夸张、重复、强化，会让人相信虚假的信息，这很可怕。为了与真相面对面，我们还是不要站在“回音壁”前。

师：还有比“回音壁”更麻烦的“过滤气泡”。互联网过滤器会根据用户的浏览痕迹建立不断完善的预测机制，推测用户的好恶，从而阻碍人们对于世界真实完整的认知。人的本性是易于接受自己偏好的信息，“过滤气泡”将用户与其他网站的信息隔绝开来，让人沉浸在自己偏好的信息世界里。这时指望人们有清晰的理性就很难了。一旦形成这样的认知环境，谣言的传播也就畅通无阻了。所以，尽量扩大视野、阅读传统纸质媒体，不失为补救的办法。

生：老师说的这些似乎都是被动地听信和传播谣言的例子，不算是很恶劣；还有主动制造和传播谣言的人，就是我们平常所说的

“带节奏”，老师对此有何看法？

师：在网络信息传播上，大家都习惯用“带节奏”这个词，这实际上就是传统社会的“故意煽动不明真相的群众跟风”。谣言能广泛传播开来，因为总是迎合了某一部分人的情绪。我们在这样的谣言面前，更需要理性。一方面，我们期待公正、权威、及时的深度报道来缓解大家的焦虑情绪；另一方面，自己也要提升辨别能力，包括查询权威资料，了解事情的前因后果。在无法确定信息真伪的情况下，应采取存疑的态度，不以主观臆测和个人情绪放大和传播未经证实的信息。

生：即使有人“带节奏”，我们也不能让自己的大脑成为虚假信息的“跑马场”。我明白了老师的告诫。但总有人持阴谋论分析热点事件，这又是怎么回事呢？

师：我听说一个在充满爱的环境里长大的人，更有幸福感和安全感。遗憾的是人类在进化历程中，经历了洪水、旱灾、地震等各种生存威胁，人类的基因里可能就暗含着对外部不明力量的敏感和警惕。在已知的、稳定的世界里，我们感到安全；一旦这种外部的稳定被突然打破，人们陷入一种不确定的环境，马上就会慌乱起来，谣言多半就在这时传播开来。例子就不用我说了，大家都有切身体会。当我们解释不了某种突然发生的事件时，就唤醒了人们的原始记忆：这恐怕是有更恐怖的力量在左右事态，一定是比普通群众厉害得多的势力在操控整个事态的发展，他（它）们为了满足邪恶的欲望在摧毁普通人的安全、健康与幸福。——人们用阴谋论分析事态，可能是认知错误，但更多的情况是信息不透明造成的后果。

从哪里借来慧眼

生：在网络谣言神出鬼没的世界里，辨识谣言最直接的方法是什么？

师：交叉验证，即为了核实一件事，从多个维度获取信息进行相互验证的方法。譬如解方程，要验证这道题做得对不对，如果只是将原来的解题思路核对一遍，很难查出错误；我们常用的办法是将方程的解，代入原来的方程中，方程两边相等就证明解答正确。这就是最简单的交叉验证。

生：交叉验证如何检测谣言？

师：不能只看一个网站、一个公众号的信息，要从不同的信息源获取信息。当然，多个网站、公众号传递的信息也可能恰好是相互支持、佐证的关系，这时候就要有意识地去看相反意见的信息；一定要站在不同视角获取信息，才能抵制谣言的传播。

生：老师说具体一点吧。

师：遇到“不看不是中国人”的信息时，先分析一下它的内容是不是不切实际的或令人难以置信的，同时不断反思自己是否受到情绪或偏见的影响；遇到自媒体情绪激愤地表达“中国人愤怒了”的信息时，请查一下它所依据的材料，分析它的逻辑自洽性；当看到令人不安的“最新内部消息”而心生恐惧时，请保持定力，等待官方的、权威的消息。

华连卡的笑声

——《装在套子里的人》教学实录

生：老师，我看到对别里科夫的评价，一般认为他是顽固守旧、害怕任何变化的典型；我看到还有人同情别里科夫，觉得这个人物蛮可怜的。

师：如果将小说细节当作未经提炼的纯粹的生活真实，别里科夫确实也有让人同情的地方。但这篇小说的细节主要是以夸张、变形的手法凸显人物的某类特征，作者说，整个小城被别里科夫辖制了十年到十五年。在别里科夫的“辖制”下，一切优秀的人，有思想的、很正派的人都给戕害了，“他们不敢大声说话，不敢写信，不敢交朋友，不敢看书”……他死了，人们给他送葬后“高高兴兴地从墓园回家”，足见大家对这个人的深恶痛绝。

短篇小说选择什么样的情节表现人物性格

师：读一篇小说，梳理归纳情节、分析人物形象是基本的阅读能力。我们的注意力应更多地放在小说如何塑造这样的人物上。概括别里科夫的形象有一定难度，分析作家怎样塑造别里科夫的形象是不是更难一点？短篇小说篇幅有限，塑造人物，大都是截取人物生活中的片段。作家往往选择最能表现人物性格的事件来塑造人物。那么，哪些情节最能表现人物性格呢？

日常生活就像一道水流，平缓无声地流淌，这样的水流较难展现其本质；但当水流经过礁石，激起无数浪花，在阳光的折射下，说不定能出现七彩霓虹，这时飞珠溅玉的水流，更能展现水流的本质。——生活也是这样。

生：老师是说作家也应安排人物遇到了什么难事，就像水流遇到了礁石？

师：是，必须让他遇到重大的抉择，遇到纠结的事。一般来说，如背井离乡、突患重病、遭遇爱情，都是作家设置矛盾、制造冲突、用来表现人物精神风貌的常用手法。

我们来看看别里科夫生活中最突出的变化是什么吧。

删除的细节：华连卡的笑声唤醒过别里科夫

师：别里科夫有许多可笑的言行，作者花了不少笔墨塑造他极为沉闷无聊、胆小保守的性格，其中有一小段十分精彩，可惜被教材编者删除了：

> 他有一种古怪的习惯：常来我们的住处访问。他来到一位教师家里，总是坐下来，就此一声不响，仿佛在考察什么事似的。他照这样一言不发地坐上一两个钟头，就走了。他把这叫作“跟同事们保持良好关系”。显然，这类拜访，这样呆坐，在他是很难受的。他之所以来看我们，只不过是因为他认为这是对同事们应尽的责任罢了。

别里科夫其实是一个十分可怜的人，置之于现在的交际环境，他也是一个缺乏社交技巧的乏味同事。他谨小慎微地过着与世隔绝的生活，不仅自己如此，也希望别人生活在他那样的套子里，千万不要惹出什么乱子来。作者以夸张变形的笔触刻画其“套中人”的形象，突出他的刻板、猥琐和极端乏味无趣。这个形同枯木的人物，内心是否真的是一潭死水呢？如果没有新的人物介入，应该是的。但这样写下去，小说未免单调。为了形成波澜，契诃夫安排他“差点结了婚”，给他极端无趣的人生染上了一抹绯红的色彩。毕竟爱情和婚姻最能检测人性的深度。小说采取对照法，引入的这个新鲜人物，是新来的教师柯瓦连科的姐姐华连卡：

> 她呢，已经不算年轻，年纪有三十岁上下了，可是她长得也高，身材匀称，黑眉毛，红脸蛋，一句话，她简直不能说是姑娘，而是蜜饯水果，活泼极了，谈笑风生，老是唱小俄罗斯的抒情歌曲，老是哈哈大笑。她动不动就发出响亮的笑声：“哈哈哈！”……她两手叉着腰，走来走去，笑啊唱的，翩翩起舞。……她带着感情唱《风在吹》……她把我们大家，连别里科夫也在内，都迷住了。
>
> 他挨着她坐下，露出甜滋滋的笑容，说：“小俄罗斯语言的柔和清脆使人联想到古希腊语言。”

要搅动这个死气沉沉的人物的内心，爱情是首选。契诃夫以最简洁的笔触刻画了别里科夫灵魂的触动，“他挨着她坐下，露出甜滋滋的笑容”，一个原来一坐一两个钟头一言不发的可怕的来访者，现在居然知道“挨”着喜欢的人坐下，且“甜滋滋”地微笑着，在他一生中，从来不会有这样的举动和内心的悸动吧。

生：老师，这两个细节多好啊，集中展现了别里科夫性格的两个侧面。编者为什么要删除啊？

师：《套中人》不是表现爱情的小说，华连卡也不是陷入恋爱中的主人公，可能编者觉得这些细节无关宏旨吧。不过，华连卡的形象越充满生机活力，对别里科夫就越具有冲击力。别里科夫在这个洋溢着爽朗笑声的姑娘面前，他的原始人性在某种程度上复苏了。契诃夫并不想将别里科夫写成僵尸，虽然他的确近似于僵尸。

华连卡的笑声葬送了别里科夫

生：老师，别里科夫真的爱华连卡吗？

师：这不是一篇爱情小说，恋爱故事只是为了刻画别里科夫的性格。他干枯的心灵，就像戈壁沙滩吧，就算是野火袭来，也不能被点燃。何以见得，你们可以看看原文。

生：华连卡兄妹兴高采烈地骑着自行车的样子就把他吓得脸色发青发白，他觉得不成体统，还专门上门教训对方，结果被华连卡的弟弟抓住衣领从楼上推了下来，以致跌得鼻青脸肿。

师：是呀，别说爱，单是理解和接纳都不可能。这两人的价值观差别也太大了吧。将华连卡和别里科夫撮合在一起，完全是同事的作弄。

生：别里科夫是从爱情中受伤才丧命的吗？

师：那倒也不是。华连卡确实滋润过他干枯的内心，他也曾挨着喜欢的人"甜滋滋"地微笑过，作家大概是为了强化讽刺效果，偏偏让这样一个木乃伊般的人物对一个如此奔放活泼的女孩子发生兴趣。

生：老师，我有点不理解，华连卡即使不了解别里科夫是被弟弟推下来的，以为他是自己不小心摔下来的，也用不着纵声"哈哈哈"大笑呀，而且作者描述她的笑声在整个房子里响着，这姑娘是不是太没心没肺了？

师：你的关注点很好。从某种意义上看，可以认为是华连卡的“笑”葬送了他们的“爱情”，也宣告了别里科夫的死亡。你想一想，你受窘的时候，一个真正关心你、爱护你的人，应该是什么态度？

生：我明白了。华连卡浑身散发着对生活的热情，她放肆无忌地大笑，未必是恶意的嘲笑，而是从楼梯上滚下来的别里科夫实在是太搞笑了。华连卡这种“没心没肺”的奔放，恰恰与装在套子里谨小慎微的别里科夫形成强烈的对照。唉，这两种人怎么会碰在一起呢？

师：这就是作家情节设计的妙处啊。如果别里科夫遇到一个跟他一样沉闷的人，在同事的撮合下说不定也能结婚，但这种沉闷的婚姻不会改变他的生活，小说情节也不会被推向高潮。所以，契诃夫有意塑造了这个“黑眉毛，红脸蛋”的姑娘，“她动不动就发出响亮的笑声”。也许她能给一个忧郁的人带来开朗的阳光，但绝不能给一个把男女关系当作瘟疫且发散着庸俗的霉臭的人带来生机。因为后者在本质上拒绝一切生机和活力、创新与变化。如果华连卡是一道强光，别里科夫就是满布灰尘的霉烂的库房；如果华连卡是一道洪流，别里科夫就是岸边的破烂茅棚。华连卡“哈哈哈”的笑声，具有摧枯拉朽之势，从这个意义上看，别里科夫是被华连卡的笑声吓掉了魂魄，然后大病不起一命呜呼。

生：老师，您上课之初就说，小说的细节不是未经提炼的生活细节，我终于明白了。仅从生活细节看，面对别里科夫从楼梯上滚下来，一般人应该是担心地跑上前去，赶紧将其送医院治疗。作者却故意反其道而行之，华连卡不仅没有丝毫担忧、关心，反而哈哈大笑。反常的情节，饱含了契诃夫强烈的讽刺。我猜测，作者写到这里时，一定也在偷偷发笑呢。

师：好啊，你懂得读小说的一点门道了。我希望同学们读小说不要仅满足于概括、分析人物的性格特征，还要用心揣摩作者安排情节和细节时的匠心。

《变形记》与《促织》如何“变形”？

——《促织》、《变形记》（节选）教学实录

《变形记》与《促织》有可比性吗？

生：《变形记》与《促织》为什么编在一起呀，老师？

师：教材“学习提示”不是写了吗，你看：这两篇小说都写了人化为虫的故事……阅读这两篇作品，要注意主要情节的起伏和人物情感的变化，体会人物的生存境况，进而理解“变形”中寄寓的社会批判意味。同时，要注意比较两篇作品的异同，把握其各自的风格和特色。

生：《促织》里面成名的儿子落井后变成蟋蟀，与《变形记》中的格里高尔变成甲虫，是一回事吗？

师：教材没说是一回事啊，不是让你比较风格的异同吗？

生：老师，我觉得这两篇文章根本不该编在一起，它们完全不相干。不能因为其中人物变成了虫子，就认为两篇小说有可比性。

师：你说到这个，我倒可以给大家补充一点背景。研究和翻译莎士比亚的学者方平1982年在《读书》杂志上发表文章，首次将《促织》与《变形记》联系在一起，借助马克思提出的“异化”概念，对两个文本进行了比较分析。四十年多来，比较这两个文本的

论文有百余篇，但基本都在这个层次上重复。

生：老师，“异化”是什么意思啊？

师：方平最早引用的这个概念，源自马克思《1844年经济学哲学手稿》，原话是这样的：“劳动者在自己的劳动中并不肯定自己，而是否定自己，并不感到幸福，而是感到不幸，并不自由地发挥自己的肉体力量和精神力量，而是使自己的肉体受到损伤，精神遭到摧残。”劳动的异化，最后导致人的异化，即对于人本质的改变和扭曲。——这个话题我们不展开，但是你看看《变形记》中的格里高尔，应该能明白一点。

生：这个我还是能听懂的，格里高尔作为一个旅行推销员，他被工作、被老板、被同行挤压，他在劳动中没有体会到快乐，他太焦虑了，太疲劳了，为了养活一大家子，他都累成了虫子。很明显，这是技术文明达到一定程度才会发生的事。马克思的判断太精准了，你看，现代社会，技术越进步，“内卷”就越严重，人的生存焦虑感也越强，这样一来，人就离自己的本质追求越来越远了。老师，我理解得对吗？

师：先慢慢理解，不急于说对错。你课后可以读读方平的这篇文章。方平首先将这两篇小说放在一起比较，不是没有原因的，他本人有开阔的文学视野，又是翻译家，还是比较文学专业的著名学者。

生：什么是比较文学呀？

师：比较文学就是跨越国界和语言界限的文学比较研究，研究一国文学对另一国文学的影响；或者研究在相同的历史条件下不同民族文化的比较，找出异同以及缘由，进而找出共同规律。

生：17世纪的蒲松龄肯定没有读过20世纪初的卡夫卡的作品，

卡夫卡读过蒲松龄的《聊斋志异》没有？我估计也没有。所以，不存在这两部作品之间的影响，那就是相同的历史条件下的文学现象、文学规律的研究？我觉得也不太可能啊。

师：卡夫卡读过蒲松龄的作品，但受到多大的影响，我们不展开讨论。不过，17世纪的中国应该还不会遇到20世纪初高度工业化的欧洲遇到的问题，我觉得，虽然成名也受到了压榨，也差不多处在崩溃的边缘，但跟格里高尔的“异化”应该是两码事。

生：老师，除了社会背景的差异，你不觉得这里有一个巨大的差异吗？《促织》里成名的儿子的变形和《变形记》里格里高尔的变形的写法、角度也完全不一样啊。

《变形记》与《促织》如何比较？

师：这就是我们要继续思考的问题，两篇小说里，都有人变成虫子的情节，都暗含社会批判意味，但表现形式有着本质的差异。我们来讨论它们的不同吧。

生：老师，人变成虫子的故事多了去了，梁山伯和祝英台也变成了虫子，孙悟空多次变成虫子，还钻进铁扇公主的肚子里呢。情节相同或近似，就能比较吗？我们能将梁山伯和祝英台的故事与卡夫卡的《变形记》比较阅读吗？能将孙悟空大战铁扇公主与蒲松龄的《促织》比较阅读吗？

师：要分析小说情节的内涵。化蝶的故事多美，让你说得……

生：蝴蝶不就是毛毛虫变的吗？梁祝化蝶，也有对封建家长制度的反抗啊，孙悟空的形象不就是反抗的最集中的体现吗？

师：好了，一节课讨论一个问题。这两篇小说的“变形”相同，容易让人产生联想；两篇小说虽然批判的对象不一样，都有对社会的批判，这两点你同意吧？至于你刚才列举的那些作品能否比较阅读，前面在比较文学这门学科的定义里已经讲得很清楚，我们课堂上就不展开了。我们讨论表现形式的差异，好吗？

生：《促织》里成名的儿子不小心弄死了蟋蟀，害怕父亲追责，投井自尽，魂灵附体于蟋蟀身上，然后，小说描写蟋蟀打斗如何勇猛，战胜了“蟹壳青”，甚至智斗雄鸡。小说设计这些情节，目的是写“宫中尚促织之戏”给民间带来的灾难性后果。

师：请讨论表现形式。

生：以上情节中，成名的儿子心里是怎么想的？小说有一个字写成名的儿子，或者说这只蟋蟀的心理活动了吗？没有。大家再看看卡夫卡的小说，有多少篇幅在仔细刻画格里高尔的心理。

师：这意味着什么呢？

生：老师，我说不好，但我感觉到，在《促织》里，人变虫子，只是情节发展的一个环节，是整个故事情节的一小部分，小说其他情节的发展与这一情节构成了前后勾连关系；而《变形记》中的人变虫子，那就大不一样了，它是整个小说情节的核心，所有情节都浸润在这个情节里。

师：浸润？这个词有点意思，你接着说。

生：我课后读了这部小说的全本，全书三万字，都在写格里高尔变成虫子后，单位同事、父母、妹妹、租客等对他的态度，以及他的恐惧、绝望和想与亲人交流而不得的孤独。我说的浸润，意思是，我们的课文节选部分，包括整部小说，都建立在人变虫子这个核心事件上；所有人，包括格里高尔的表现，都围绕人变成虫子的情节展开。读者能清晰地看到格里高尔的内心世界。

师：你说得不错。你这个观点我在文献里还没见过，很好。

《促织》里成名的儿子，只有与他娘的几句对话，没有心理独白，然后就是虫子与“蟹壳青”、与鸡打斗的画面，成名的儿子这个角色本身是模糊的，是道具般的存在，走向前台的是他魂灵附体的虫子，但虫子是没有心理活动的，只有外在行动。而《变形记》一直在描写格里高尔的心理活动，他在观察亲人、同事、租客的反应，亲人、同事、租客也在观察它（他），这种相互的审视和思考，几乎构成了文本的全部情节。

生：那又怎样呢？

师：这是两部小说的最大差异。《促织》中人变为虫，是浪漫主义的假想，如窦娥的三桩誓愿的实现，如梁祝化蝶，如牛郎织女的七夕相会，所有这一切，都是通过浪漫的假象来达成愿望的。成名如果没有一只厉害的蟋蟀，一定会遭遇更大的不幸；所以蒲松龄通过儿子魂灵附体于蟋蟀的情节，让成名的命运发生意外的转折，以喜剧结尾的形式完成这部悲剧。所以，这个情节是浪漫主义的奇思妙想。而如你刚才所言，《变形记》的情节浸润在人变虫这一事件中，这其实就是现代主义的写法。

生：现代主义？我感觉到的竟是这么“高大上”的理论吗？老师您再多说一点。

师：现代主义是个大概念，我们这里只说它的主要特点：荒诞、隐喻和象征。人变成虫，读者知道这是不可能的；但随后的心理描写，特别是格里高尔变成的这只甲虫与亲人之间关系的细节描写，刻画了金钱背景下亲人之间脆弱的亲情关系，让读者感觉完全像是真的。细节是真的，整个事情是假的，这种亦真亦假的夸张写法，造成了荒诞的效果。

生：为什么要用这种写法呢？用传统的现实主义的手法也可以

表现家庭成员之间的这种“薄情”关系呀，一直到今天，我们在家庭伦理剧里还能看到这种现实主义表现手法。

师：对呀。电视剧是给什么人看的？卡夫卡作品是给什么人看的？卡夫卡的贡献就在于对20世纪初人的“异化”的生存状态的敏感反应，创造性地运用这种新的艺术手法为人类的精神宝库添加了新的、宝贵的资源。

生：老师，您别激动。

师：不激动，老师也看家庭伦理剧。我们正在讨论现代派的主要手法。除了荒诞的艺术效果，我们还要看它惯用的手法：隐喻和象征。隐喻能起到一种暗示、联想的作用，通俗地说，就是看上去写的是人变成虫子，实际上写的是人被社会挤压之后的生存状态。对于象征，我们可以这样理解：卡夫卡写作《变形记》一定是对人的窘迫生存状态有切肤之痛，但小说不是论文，小说可以通过讲故事，运用隐喻、意象（如格里高尔变成的虫子）将自己复杂的思考形象化。于是，卡夫卡用这种极度夸张的形式，将现代人的孤独、焦虑放在一个看上去有些搞笑的故事外壳里，将严肃的主题楔进荒诞的叙事中。

生：老师，我明白了。17世纪的蒲松龄笔下的“人变虫子”，运用浪漫主义手法，反映的是一个具体的社会问题，振聋发聩；20世纪初的卡夫卡笔下的“人变虫子”，运用隐喻、象征、荒诞的现代主义手法，揭示的是现代人普遍的生存困境，令人深思。

师：算我没白费功夫。最后再提醒一下，任何艺术手法运用到极致都是艺术精品，不存在哪一种手法更高明；重要的是，文学既要关注人类当下的生存困境，还要遥想未来。

曹雪芹怎样描写同一场景的众多人物？

——《红楼梦》教学实录1

高明的作家从哪里开始写人

生：听说《红楼梦》描写的有名有姓的人物就有四百多个，我们哪能记住这些人物啊？

师：不用记住。我们要掌握的是作家高妙的写人手法。

生：写人不就是肖像、动作、语言、心理这四种写法吗，老师还是给我们讲讲《红楼梦》一共描写了多少人吧。

师：那只是描写人物的几个角度，包括这本书一共描写了多少人，都是死的语文知识，你查一下资料就能解决。我们要讨论的是知识的具体运用。重要的不是你说的四种“写法”，而是作家怎样运用这些“写法”。如人物动作中显示了人物怎样的心理，人物语言暴露了人物怎样的行为动机。写人的方法不止这几种，还有将人物置于尖锐复杂的矛盾中凸显人物性格，抓住人物命运的转折点来塑造人物，等等。

生：有意思。老师能不能举例让我更明白一点。

师：我们这节课要讲稍微复杂一点的内容，不去讨论几句话或某个细节反映了人物什么样的心理和行为动机，这种写法，普通作家都会。曹雪芹的高妙在于通过一个场景就将多个人的性格特点写出来了，这是我们在读整本书时需要学会的阅读策略，即发现这个作家描写人物最独特的地方，从整本书中我们可以找到多处案例来印证，以后阅读长篇小说，也要善于发现每部小说独特的地方，这样才能真正提高欣赏能力。如果仅停留在一般写作知识的理解上，我们就永远是“外行看热闹”。

生：那倒是，老师来点干货。不过先说说行为—心理动机吧，老师认为简单的，我们有时觉得并不好懂；老师认为复杂的，也许我们“秒懂”呢。

师：我希望你们都能“秒懂”，自己掌握阅读策略。我先举生活中的例子说说语言描写的难处吧。如一个同学听说有人在背后说他太高傲，他回答说：“那是他的权利。”他这样说，可能他心里正是这样想的。另一个同学也遇到类似的情况，他也说：“那是他的权利。”这个同学说的话，并没有表现出自己的真实心理，即他的动机被隐藏起来了。——如果语言描写仅仅写出“那是他的权利”六个字，就无法让读者了解说话者真实的心理，也就无法揭示人物的性格。

作家的任务就是要揭示人物言语、行动后面的真实动因。

生：那要怎么写呢？

师：这就是我们要思考的地方，我们要看看作家是怎么处理这种写作困境的。这样说吧，我们在正常的社交生活中，做到彬彬有礼不是一件非常困难的事，但是，当我们的利益、愿望、尊严在瞬间遭到严重侵害时，常常会有即时的、瞬间的反应，这时的反应最能体现人物的性格特征。作家不会去写那些流于表面的社交语言，即使写，也一定会暗示出说话者的深层心理动因。作家更多选择不能伪装的东西去描写，这样更能体现人物的本质特征。有三样东西是不能伪装的：咳嗽、贫穷和爱情。——生理反应、社会生活状态以及与人的本质最贴近的爱情。

生：嗯，有道理。作家在塑造人物时总是会从这些难以掩饰的地方入手，揭示人物的本质特点。由爱情我突然想到，人的细微动作也能暴露心理，微表情什么的，能表现人物真实的想法；剧烈的突然的反应，同样能显示人物的本质。

师：那现在我们可以说《红楼梦》中特有的人物描写技巧了。

一个场景写出多人性格

师：我们先看《红楼梦》中第四十回贾母宴请刘姥姥，刘姥姥吃鸽子蛋的场景描写。

> 贾母这边说声“请”，刘姥姥便站起身来，高声说道：“老刘，老刘，食量大似牛，吃一个老母猪不抬头。”自己却鼓着腮不语。
>
> 众人先是发怔，后来一听，上上下下都哈哈的大笑起来。

上面刚说到，人处在突发情境中，生理反应是控制不住的。我们看看这个场面下众人的反应。

生：①史湘云：“撑不住，一口饭都喷了出来”；②林黛玉：“笑岔了气，伏着桌子叫‘嗳哟’”；③宝玉：“早滚到贾母怀里”；④贾母：“笑的搂着宝玉叫‘心肝’”；⑤王夫人：“笑的用手指着凤姐儿，只说不出话来”；⑥薛姨妈：“撑不住，口里茶喷了探春一裙子”；⑦探春：“手里的饭碗都合在迎春身上”；⑧惜春：“离了坐位，拉着他奶母叫揉一揉肠子”。

师：你看，一下子写了八个人瞬间的笑态。还有没写姓名的，总写——“地下的无一个不弯腰屈背，也有躲出去蹲着笑去的，也有忍着笑上来替他姊妹换衣裳的”；还有对比描写的——“独有凤姐鸳鸯二人撑着，还只管让刘姥姥”。同样是“笑”，却是千姿百态，紧扣各人的身份和性格。有的大胆，有的含蓄，有的娇嗔，有的慈爱，有的矜持，有的失态，不笑也是一种性格——得尽礼数照顾刘姥姥的面子，这些性格全在个性化的动作中显示出来了。想一想学校或者班级联欢会上一群同学的笑声，我们能运用富有个性的文字表现出来吗？

生：写是能写的，单从外表的笑态上可以写。但是要与这个同学的性格联系起来，能让别人看出写的是谁，也就是老师常说的，通过笑写出这个人的独特性、唯一性，很难。

师：知道难，才懂得曹雪芹的妙处。能欣赏大家之妙，至少说明我们理解的层次比较丰富。如果面对这么精妙的文字还轻轻放过，那就是有眼无珠了。类似写法的例子还有不少，大家找找看。

生：老师，我们不是有眼无珠，有时是被老师说多了，蒙蔽了双眼。老师讲明白了，我们才能心明眼亮，对吧？我看第五十四回写元宵节夜宴，就有类似的精彩描写。贾母吩咐放烟火，让大家解解酒，贾蓉应命而去。各人看烟火的反应：

> 林黛玉禀气柔弱，不禁毕驳之声，贾母便搂他在怀中。薛姨妈搂着湘云。湘云笑道：“我不怕。”宝钗等笑道：“他专爱自己放大炮仗，还怕这个呢。”王夫人便将宝玉搂入怀内。凤姐儿笑道：“我们是没有人疼的了。”尤氏笑道：“有我呢，我搂着你。也不怕臊，你这会子又撒娇了，听见放炮仗，吃了蜜蜂儿屎的，今儿又轻狂起来。”凤姐儿笑道：“等散了，咱们园子里放去。我比小厮们还放的好呢。”

——重点写了四对人物，贾母搂着黛玉，薛姨妈搂着湘云，王夫人搂着宝玉，王熙凤与尤氏互相调笑，各个不同而又体现各自性格：或柔弱，或豪爽，或诙谐。

师：你分析得不错，这就是阅读与欣赏的一种门径，能触类旁通，就不用我白费口舌了。

我们再看第七回，薛姨妈要将十二支“宫里头的新鲜样法，拿纱堆的花儿”送给各位姑娘。大家看看，小说是如何写各个姑娘的表现的。

生：①宝钗：“从来不爱这些花儿粉儿的”。②迎春和探春：“忙住了棋，都欠身道谢，命丫鬟们收了”。③惜春：正想出家，“可巧又送了花儿来；若剃了头，可把这花儿戴在那里呢？”④王熙凤：得了四枝花，马上命人将其中两枝送给秦可卿。⑤林黛玉看到花后，问道：“还是单送我一人的，还是别的姑娘们都有呢？”当她知道各位都有了时，就冷笑道：“我就知道，别人不挑剩下的也不给我。”

师：面对同一件事，有的人可能无动于衷，有的人则暴跳如雷。作家与常人的区别，就是能细腻、敏锐地区分，并理解每个人不同的反应。前面说到，地位是很难掩饰的。林黛玉寄人篱下的心理状态决定了她很多行为，作者总是通过这些小场景，一次次皴染，凸显林黛玉孤高、敏感的性格。借同一件事，曹雪芹还写出了宝钗的朴素，迎春、探春的讲礼节、守规矩，王熙凤的八面玲珑等。笔墨虽俭省，却很能传神。

生：老师，一个场景写出多个人物的技法确实了不起。有时是两个人物形成对比，有时是多个人物的纵横交错。这在构思上是要费心思的。我猜测曹雪芹的“十年辛苦不寻常”，许多时间都用在揣摩人情、人性了。

师：你这句话说到点子上了。这是构思的本领，是“笼天地于形内，挫万物于笔端”的能力。有的人害怕在人多的场合跟不同的熟人和朋友打招呼，总担心对这个热情了对那个怠慢了，或者人一多自己就感到手足无措。想一想作家吧，多人出场，令人眼花缭乱，他们也能把每一个人都安排得恰到好处，对话、场景描写能展示每个人的性格，真是了不起。还有，场景描绘不能是静态的，必须通过对话和动作推动情节发展，形成节奏。

生：老师快跟我们分享这样的场景。

师：请看第三十八回有关螃蟹宴的描写。鸳鸯和众丫头吃得正高兴，凤姐过来讨酒喝。鸳鸯、琥珀、彩霞等给她敬了酒，平儿送来蟹黄给她。——到这里还不稀奇，无非是几个人先后敬酒打趣。这只是开端。正吃着，鸳鸯笑着责怪凤姐吃丫头们的东西。——这是场景中故意设置的矛盾。凤姐于是半讨好半打趣地说，琏二爷要讨鸳鸯做小老婆，鸳鸯红了脸，拿腥手作势要抹凤姐的脸。——故事继续推进：琥珀趁机打趣平儿，说鸳鸯要是到了琏二爷那里，平儿可要吃醋了。平儿正剥螃蟹吃，一听这话便拿着螃蟹照琥珀脸上来抹，琥珀笑着往旁边一躲。“平儿使空了，往前一撞，正恰恰的抹在凤姐儿腮上。”众人哈哈大笑。——故事推向高潮。这里鸳鸯、凤姐、平儿、琥珀、彩霞等在笑闹中显出了主奴的亲疏远近，暗示了各种复杂的关系。故事还没完，贾母那边听见，连声问有什么好笑的事，鸳鸯笑回道主子奴才为抢螃蟹打架呢。那边贾母和王夫人等听了，也笑起来。——这才让故事在旁观者的评价中画上了句号。

生： 果然有趣，这种笔法确属少见。一群人在一起，借吃螃蟹引出这么多话头，既能见出各人性情，又能让情节波澜不断，我这辈子能写出这样一段文字，也不枉看了《红楼梦》。

师： 有了这个想头就好，这就是整本书阅读的目的，哪里只是熟记一些陈旧知识呢。

曹雪芹怎样塑造丰满的圆形人物？

——《红楼梦》教学实录2

从人物内心构建一个崭新的世界

生：老师，体会人物性格的多样性和复杂性，这个学习任务怎么落实呢？

师：我们这节课就来落实一个样本。现实生活中的普通人，性格可能没有文学作品中的复杂，但不能因此认为文学作品是过分阐释。因为被描写的对象不一定有机会、有能力对自己的生活进行反省，好比我们的身体并不完全由我们做主，健康出现了问题，很大程度上要依赖医学专业人士。

生：老师是想说，我们自己经历的生活，其中包含的各种酸甜苦辣，需要文学家来重新解释和揭示，对吧？

师：对。被描述、被塑造的人物，大多是作家创造出来的，即使他有原型。早期的文学作品塑造人物，性格鲜明，且多是脸谱化的，写神魔如孙悟空、猪八戒，写帝王将相如刘备、孙权、曹操，写英雄豪杰如李逵、鲁智深，性格都有鲜明的标志。传统小说的人物性格，从出场到终了，不发生变化，至多是一层一层涂上相同的色彩，使其更加鲜明；人物的行为受坚定的意志驱动，内心很少有矛盾挣扎。像托尔斯泰的“心灵辩证法”（即写心理过程），这种写法在中国传统小说中是不多见的，直到《红楼梦》的出现。

生：《红楼梦》中的人物都很复杂？

师：当然不是这么简单，而是说，《红楼梦》写的是日常生活中的普通男女，不是神魔不是帝王也不是豪杰，没有呼风唤雨、沙场征战这些大起大落、神秘曲折的宏大故事，都是日常生活的琐事，如何让读者发生兴趣呢？作家必须更多地关注人物内心，以体贴入微的描写，从人物内心构造另一个宏大世界。

生：老师能结合具体的人物跟我们讲一讲人物的丰富性吗？

师：我先跟大家解释两个名词。有些小说塑造的人物，在其行动中只表现了单一的性格特征，我们将其称为扁形人物。在生活中，我们认识人，也常常是这种扁平视角，如这个人忠诚老实，那个人滑头滑脑；这个人谦和有礼，那个人不可一世。为什么会这样呢？标签化有利于识别，不用费脑子思考，要知道，大多数人是不太愿意动脑子的。但如果经历的事多了，你就会发现，生活中的人，其实并不像扁平视角所观察的那样。譬如，一个卑鄙可耻的人，在灵魂深处可能是一个艺术家，多彩的线条、美妙的旋律，甚至午夜的月亮，都可以打动他，当他念着“月到天心处，风来水面时”，他的心也会甜蜜地柔和起来。一个待人接物十分温和的人，总是带着恬静的微笑，你可能不知道，他一人独处时是多么的乏味无趣，无论是满月的光辉还是辉煌的落日，他都无动于衷。生活中的人，其实不是一个标签能概括的，他可能有两个矛盾的标签。文学作品中有一些人，他们在行动、思想中表现了一些相互冲突的性格特征，我们将其称为圆形人物。

生：老师，能不能说圆形人物就是一个人身上有相互冲突的动机或性格特征，而扁形人物只有一种易于辨认的性格特征？

师：大意如此，我们下面就讨论《红楼梦》里的圆形人物，体会其性格的多样性和复杂性。这节课以薛宝钗为例，课后大家可以另选人物进行讨论。

薛宝钗可爱还是可恶

师：许多人讨论文学作品的某个人物形象，经常问：你喜欢他吗？你当然可以喜欢他、厌恶他、崇拜他、蔑视他，但有一个问题更重要：你真的了解他吗？譬如说薛宝钗，多少红学家唇焦舌敝，也没讲出个结果来，这个问题，今天我们还要继续下去，这真是一件好玩的事。

生：老师，红学家对薛宝钗都有哪些评论？

师：有人说她无情、冷漠、冷到灵魂深处，有人说她理智但情商很高，还有人说她机诈狡猾、奸险诡谲、虚伪凶狠，不少人说她装愚、守拙、深谙世务、善于避嫌，还有人认为她清醒而明哲保身；但作者的知音脂砚斋说她“贞侠”，哲学家牟宗三说她是“一个女中的圣人”，另有学者认为她是一个“揣摩大人心思的孩子”，活得太累。对于贾母安排好的金玉良缘最终的破灭，有学者解释，宝钗专门做圣人，而宝玉则专门做异端，两人的价值取向从一开始就格格不入。

生：老师，这些人真有劲，我听上去就感觉他们是盲人摸象。别说圆形人物，我都觉得她是球形人物了。

师：你这个概念很好，球形更具立体感。也许他们都独具只眼，看得都对，但看的都是或大或小的一个局部。我们这节课也不可能全面分析薛宝钗形象的丰富与深刻，但可以从文本出发，用解剖局部的办法，多获得一些不同侧面的印象，可能结果还是盲人摸象，但我们希望多摸摸象头、象脚和象尾巴。

生：我记得第三十二回里薛宝钗跟王夫人关于金钏之死的一段对话，我不知怎么评价她，觉得她的话有点道理，又觉得这个人有点可怕。

师：你说说你的理解和困惑。

生：金钏遭宝玉调戏，这个丫头单纯，主子喜欢她，她就回应了一下，谁知王夫人没睡着，听到了，就说“好好的爷们，都叫你教坏了”。这真是从哪里说起，明明是宝玉调戏金钏，王夫人反倒诬陷金钏，逼得金钏含羞忍辱投井身亡。王夫人这么老到的人，怎么会不知道金钏为何而死，她故作不知，还装出一副菩萨面孔。

师：你的困惑在哪里呢？

生：如果我当时走进了王夫人的卧室，看到她正在为此事垂泪，我不知怎么劝她。我说不定会骂她猫哭耗子假慈悲。当然，我没有虚拟自己在大观园里的身份，我只能想：如果是黛玉走进去了，会怎么劝呢？

师：优秀的作家安排情节都是精打细算的。这出戏必须薛宝钗上场，只有她上场，才能展示出她性格丰富的一面。林黛玉可能进去遇到舅妈垂泪，也可能安慰几句，但不会这么出彩，对塑造黛玉性格没有意义。

生：有点道理。确实是王夫人主动挑起的话题：“你可知道一桩奇事？金钏儿忽然投井死了！”如果是黛玉进来，她也可能擦掉泪水将话题引开。王夫人知道宝钗是能耐心听她讲故事的人，于是将事情的前因后果说了一遍，最后表示了一点愧疚。宝钗真是会替人着想（开脱），硬说金钏是在井跟前玩失足落井的，为了更周全，又说如果真是和姨娘生这么大的气投井，那也是不懂事，不足为惜。——我觉得宝钗这样罔顾事实，全无底线，有点可怕。

师：接着说。

生：王夫人觉得上面的理由都不能使她心安，宝钗又劝她厚葬金钏，再多赏金钏家人几两银子，以尽主仆之情。最后还主动献出自己的新衣服，作为金钏装殓之用，毫不忌讳。让我难以评判。

师：她没有强烈的是非观，眼里只有长辈和权力。她知道安慰王夫人是为自己加分的事，所以曲意逢迎，这种本能的自私压倒了对事件的正常判断。——现实生活中这样的人并不鲜见。

生：老师，你有这样的朋友吗？

师：我们在做价值判断之前，先要准确理解这种性格的根源。我不是说要原谅一个人的无耻，而是要分析行为与动机之间的关系。如果你有很多这样的朋友，说明你交友不慎；如果说你从没有有这样的朋友，那我怀疑你活在真空中。

生：我有点明白了，了解真实的人物和作品中的人物，都好难。不过，老师说了，感觉难，说明我的眼睛睁开了。

与林黛玉相处的薛宝钗

师：人物形象的塑造，总是在具体的事件中完成的；人物性格特征总是在这个人物与其他人物交往的过程中显现的。上面分析薛宝钗的形象，就是在她劝慰王夫人的一段话语上展开的。要分析薛宝钗的形象，首先要关注的当然是她和贾宝玉、林黛玉的相处。

生：宝钗对黛玉是真诚的吗？她们不是情感上最大的对手吗？

师：前面不是说过吗，圆形人物的最大特点就是矛盾的复合体。伟大的作家敢于直视人性的深渊，普通作家只能描述人性的一个侧面。

生：老师，我看到第二十七回“滴翠亭杨妃戏彩蝶”，觉得宝钗实在可恶、无耻；看到第四十二回“蘅芜君兰言解疑癖”，又觉得宝钗淳厚、真诚。

师：生活中也有让我们又喜欢又讨厌的人，只是普通人的性格可能没有那么尖锐、突出。文学作品中的主要人物置身于作家的手术刀和聚光灯下，塑造这样的形象，能激发读者去联想与反思。你先说说宝钗的可恶吧。

生：宝钗本来在园中扑蝶，追蝶到了滴翠亭下，无意间听到了小红与坠儿在说私房话，而且说的是小红和贾芸的私情。以宝钗的身份，自然无意去听这些乌七八糟的话，她正要躲开，亭内的人担心外面有人偷听，也准备打开窗子察看。这时，宝钗处于十分被动的境地，待在原地不动，既显出偷听的猥琐，又可能会刺激眼空心大的小红，怎么办？宝钗此时反向二人笑道：“你们把林姑娘藏在那里了？”一面说，一面故意进去寻了一寻。这样就将偷听的事推到黛玉身上。——我很佩服宝钗的机智，但我不能接受她这种嫁祸于人的做法。

师：有人因此认为宝钗奸恶至极，是不是也言过其实了？宝钗“金蝉脱壳”，让黛玉“躺枪”，她这一行为确实于德有亏，没有必要替她开脱。但宝钗不是提前设局陷害黛玉的，这点也要明确。分析文学作品，我们更多的精力应放在欣赏曹雪芹设计的情节是多么精妙上，也只有这样的情节才能表现宝钗性格锐利的侧影。

生：那我明白了，我们太习惯从道德层面去讨论人物形象了，其实欣赏作品还要看作家运思的技巧。也许当我们义愤填膺之时，正是作家最欣欣然的时候：看，读者被我撩拨得如痴似狂。设计最恰当的情节，人的个性才能迸发出来。那一瞬间，她根本就没有其他选择。作家就是要绞尽脑汁设计这样的瞬间。

师：你已经懂得了最重要的东西。还有一个情节是写钗黛的和解，在第四十二回。上回行酒令，黛玉无意间说出了《牡丹亭》《西厢记》里的词句，在大家庭里，姑娘家是不宜看这些书的，宝钗善意提醒黛玉，黛玉马上满脸飞红，宝钗并不继续为难她，而是现身说法，讲自己小时也看过一些闲书，并就此发了一通不可读杂书，以免移了性情的议论。黛玉听了，垂头吃茶，心下暗服，只有答应“是”字。——你分析一下作者为何设置这样的情节。

生：钗黛是情敌，但没有那种一见面就拈酸吃醋的低级趣味，不是一味地攻讦嘲弄，高明的作家会将矛盾推向高峰，但矛盾的妙处就在于还有和解的时候。老师，我怎么觉得我嘴巴说出了你的话，我是不是进步太快了？

师：跟聪明人讲课交流是愉快的。子曰：“举一隅不以三隅反，则不复也。”不过，我们都是中人之“资”，面对伟大的作品，我们都要低下头来，低头更有利于沉思。请重新思考一下：作家是怎样通过最具个性的情节，怎样把握情节发展的节奏来表现圆形人物的？整本书阅读的收获，就在这些细节之中。

逻辑力量的无限与有限

——《答司马谏议书》教学实录

月白风清、鲜花盛开是最好的交流环境

师：小时候，我常想，如果在有月亮的夜晚，在有着垂柳的小河边，或者开满油菜花的操场边——这是我读初中时的那所学校的周边环境，我只能想象出这样的景致——在这样的氛围里，即使不是熟悉的朋友，也一定会聊得非常愉快……

生：有点意思，后来呢？

师：我只是打比方。我坚信立场不同、好恶不同的人之间是可以好好交流的，而且他们可能成为好朋友。

生：怎么可能呢？人和人是不一样的，而且没有必要非得交流吧。

师：你说的也对。但是，两个人原本是一对老朋友，因为观念不同、脾性不同，最后分道扬镳，甚至成为政敌，使得各自的追随者形成一股强大的势力，互相诋毁，总是一件令人遗憾的事。

生：老师，说不定他们在月白风清的良夜，在鲜花盛开的季节，有了最好的交流环境，他们就能接受对方的观点呢。

师：是啊。今天要讲的课文《答司马谏议书》，我每每读起，都不免废书而叹。这样的两个人，怎么就走了一局死棋呢？

逻辑的力量

师：司马光、王安石都是大宋朝廷的一流人物，学养、见识、襟怀、抱负，都是一时之高标，光风霁月，高山仰止。1069年，年近半百的王安石在神宗皇帝的大力支持下，为改变北宋贫弱现状，启动了艰难的变法之旅。一年后，新法推行受阻，司马光以老友的身份给王安石写了一封三千多字的长信，列举事实、引经据典，批评王安石“侵官、生事、征利、拒谏”，言辞恳切，用心良苦。王安石针对司马光的来信，写下了四百多字的《答司马谏议书》。如果是“诲尔谆谆，听我藐藐”，谁也不拿谁当回事也就算了；问题是写信的和回信的都非常较真，最后还是根本没法说到一块去，这到底是怎么回事呢?

生：老师希望他们坐下来敞开心扉、畅所欲言、交流意见，最后达成共识，一起建设繁荣富强的大宋强国?

师：不然呢？他们并无私人恩怨，完全可以好好说理，即使不能达成共识，至少理解对方的主张，做到包容、接纳，减少摩擦，对社会发展也是有利的。司马光在信中首先说“向者与介甫议论朝廷事，数相违……然于光向慕之心，未始变移也”，司马光坦率承认两人政见不一，但内心一直尊重、敬慕王安石。——这叫光明磊落。接着指出天下人对王安石的期望，“介甫独负天下大名三十余年，才高而学富……远近之士……咸谓介甫不起则已，起则太平可立致，生民咸被其泽矣”。结果呢，新政施行一年，从朝廷到小民，“莫不非议介甫，如出一口”，这是告诫和警醒对方。尤为可贵的是，在众人“不若坐而待之，不过二三年，彼将自败”时，司马光严正指出，这种看笑话的态度“不唯不忠于介甫，亦不忠于朝廷”。

生：老师是说司马光态度诚恳，王安石毫不领情？

师：如果是这样，老师也不会废书而叹了。我们看王安石这个“拗相公”是怎么回答的。“某”承认，自己“与君实游处相好之日久”，有交情，是好朋友；但是“议事每不合”——大胆坦陈心迹，观点不合，非关交情，而是“所操之术多异故也”，这是政治家的襟怀：不回避、不遮掩，不攀交情，以分清是非为要义。

生：老师，普通人的生活圈子和影响力有限，看重朋友交情是常理，政治家看到的是更大范围的人的利益，所以，不能单从交情出发。

师：是的。但是，辩难的目的应是为了沟通，即使不能形成共识，至少也要增进了解。而不是辩驳之后误解更深。对司马光的长篇大论，王安石一言以蔽之，概括为名实之争——名实之争是一个哲学问题，司马光摆出的事实，被他巧妙地忽略过去了，这种损耗信息的对话，注定没有结果。

生：老师，我明白了问题的症结。王安石的回应，单独看，句句正确，但他这些话好像没有针对司马光的具体意见，批评和反驳似乎落空了。

师：大家听明白他的意思了吗？我来一一解说。

王安石说他从皇帝那里接受命令，在朝廷上商议制定法令制度，把它交给主管部门执行，不叫“侵官”，原则上没错。但是，司马光说的“侵官”是指王安石委派的人中有兴利除弊的能吏，也有侵犯州官县官职权、扰乱百姓生活的轻狂之徒；侵夺原有官吏的职权，只会把政治秩序搞乱，希望王安石对此警惕。可是，王安石并未针对此进行回复。

王安石说施行古来圣明君主的政治主张不叫“生事”，当然没错。但是具体实施过程中，在司马光看来，王安石恰恰是改变了祖宗旧有的法度，以所谓的新意为自己求取功名，所以司马光才指出问题的严重性。王安石并未对此进行辩驳，只从理论上说“举先王之政，以兴利除弊，不为生事”，这是没有反驳力度的。

生：老师提前让我们看了司马光的《与王介甫书》，我顺着老师的话说下去可以吗？

师：当然可以。

生：王安石说替天下管理财政，不叫“征利”，没错。但是天下人如果感受到自己利益被剥夺了呢？在司马光看来，王安石执掌朝政，建立制置条例司，推行均输法，剥夺商贾原有利益，分派官员出使各地发放青苗钱而征收其利息，致使人人感到忧愁、痛苦，那就是“征利”了。王安石必须针对这些具体问题做出回应，而不是抽象地说自己是为天下理财。

王安石说“辟邪说，难壬人，不为拒谏”，也没错。司马光希望他听取建议，真正关注新法推行过程中出现的问题。他却将提出的相反观点称作“邪说”，将提意见的人称作“壬人”，这是粗暴和傲慢的。王安石应针对司马光提出的具体批评，呈现自己的辩驳和推理过程，而不是直接呈现结论。

师：你说得很好，我受你启发，再推进几句。这种直接以结论代替论证过程的表达，不能算是有说服力，只能算是有气势。而气势往往是权力、地位带来的，所以，王安石说的道理虽然都正确，却不是真正的交流的态度。从说理技术的角度看，我们可以欣赏王安石的凝练和决断；但从理解、沟通、包容到形成共识的角度看，我觉得王安石不是一个好的沟通者，或者他是另有苦衷。譬如可能是因为政见不同，展开具体事件无法进行讨论，但又不能不有所表态，所以选择了一种奔放凌厉的气势，一种貌似恳切的断语。有鉴于此，我们推测，王安石的这番话，不是说给司马光听的，而是说给朝野上下听的，希望得到一些理解和支持，至少减少一些埋怨。

逻辑的有限性

生：老师一直希望靠讲理、靠辩驳、靠逻辑的力量实现沟通交流，达成理解或者共识。其实，逻辑未必能解决思想上的分歧，两个遵守逻辑规则的人，也未必能相互理解、达成共识。

师：你说得有道理。在王安石、司马光的两封信里，导致分歧的不是逻辑的错误，而是政见不同。逻辑能帮助我们梳理和检测自己认知过程中的谬误，但是逻辑并不能保障得出一个共同的结论，况且，世界本来就是丰富多彩的，王安石与司马光关于治国安邦的理想各有各的合理性和不足。我深感遗憾的是他们没有真正实现深入的交流，从而对自己所持的观点有所修正、有所妥协，最后臻于完善。有时候，太相信自己与太相信逻辑一样，都有可能走向反面。

生：老师，我明白了。固执于自己的观点，总能找到论据支持自己；如果能倾听对方的观点，可能更有利于完善自己的看法。你看，这篇文章里，王安石为了强调自己的观点正确，引用盘庚迁都的例子，证明自己“不为怨者故改其度”，从论证规则上看这句话没有任何问题，但是怎么能证明自己的行为是“度义而后动”而不是刚愎自用呢？

师：好极了。偏执一端的看法也永远有例证支撑，单独看也许雄辩有力，如上例。好的论证则是尽可能考虑到虚拟论敌的辩驳，从而不断修正自己的观点，最后突破自己的局限，不那么固执一端，不那么坚持一隅，也许才更接近真理。可惜的是，无论多么伟大的人物，无论多么正确的规则，都无法救治无穷无尽的误解以及由误解堆积起来的怨恨、纷争。这就是世界的复杂之处。这也是本文在雄辩之外让人深为叹惋的地方。清人姚鼐评价此文“赤目劲悍”，近人吴闿生评价此文说“傲岸倔强，荆公天性，而其生平志量政略，亦具见于此”，算是洞察了王安石的短板。我们今天讨论这个文本，既要认识王安石横扫一切的凌厉刚健的文风，也要认识到逻辑的力量之外，论证者心思的复杂微妙。

生：老师，这节课很费脑筋，消耗了我很多脑细胞。

师：刀越磨越快，脑子越用越聪明。不思考复杂的问题，要脑袋何用？

插曲的插曲

——《大战中的插曲》教学实录

书信的特点

师：今天学习《大战中的插曲》。我们仅选取其中六百多字的书信来讨论。书信最大的特点是写信者得有明确的读者意识。写信人心里要想着：我写给谁看，措辞是否合乎双方的身份。那么，这封信的作者是谁，信是写给谁看的，有同学查阅过吗？

生：作者是聂荣臻元帅。抗日战争期间，聂荣臻任晋察冀军区司令员和政治委员。1940年夏天开始，八路军在华北敌后发动了一场大规模进攻，参战兵力达105个团，史称“百团大战”。百团大战中，在进攻井陉煤矿的战斗里，我军战士们救起了两个日本小女孩。他们的父母已经死去，最小的女孩还在襁褓之中，伤势很重。聂荣臻认为，孩子无罪，决定将她们安全送回日本军营。这是一个了不起的决定。为了交接清楚，聂荣臻给日本部队士兵和长官写了这封信。

师：这封信要写得有声势、有情感，还得体现中国军人此举背后的中国文化特色，其实很不容易。战争中，多少中国妇孺被无辜屠杀，我们还要救助侵略者的子女并冒险将她们送回去，大家想想：聂荣臻为何这样做？

生：孩子是战争的受害者。我们这封信要谴责敌人，还要唤起他们的良知。这封信写作的关键是不是应该放在这里？

师：你说得不错。大家想一想：写信者是我方军队将领，收信者是日方军人，还有哪些需要注意的地方？

生：这封信不宜长篇大论。

理性与情感互为表里

师：如果让我们来完成这封信，可能会怎么写？

生1：慷慨陈词，以表达我方正义诉求；同时告诉敌人放弃侵略，回头是岸。

生2：如果我写，我会用抒情一点的笔调，譬如写乡关之思，唤醒他们身上残存的人性。

生3：当然是犀利、犀利、犀利！扎中对方心里，让他们知错，张扬我方的正义和威武。

师：有的同学偏重情绪的宣泄，有的同学偏重理性的彰显。但是大家想过没有：这封信的目的是激怒对方，还是促进他们的反省？在战争中，哪个更有意义？

生：老师，书信本来就是给收信人看的，说服对方，让对方心里有所触动最好。我方完全处于主动地位，要写出我方的宽容大度，还要让敌方受到教益才好。

师：战争中兵戎相见，常常是你死我活的残酷，这种情况下，一般的文艺抒情起不了作用。一味指责而没有唤醒，也不行，因为双方价值观不一致，我们很难凭借一封信化解尖锐的矛盾。眼下要做的是一件具体的事，并非靠这两个日本孤女扭转战争形势。

生：老师，我知道了。这封信最难处置的是既要讲清楚民族大义，又要触动对方的情感，从而让对方对自己当下的行为有所反省。

插曲的意义

师：救助日本孤女在百团大战中是个插曲，一封信在整个救助行动中也是个插曲。我们分析这封信，是为了更好地理解救助行为为何“成了中日人民友好的佳话”，所以前面花了时间来猜测这封信应该怎么写。

生：老师，那我们来看看这个插曲中的插曲，是否跟我们猜想得一致。

师：我们看第一段。大家第一感觉是什么？

生1：文字好古雅啊。

生2：这就是文言文啊，这种文字在交际中最能体现中华文化的魅力。

师：我们再看内容。第一段首先指出灾难的源头是日本军阀发动的侵略战争；然后强调战争造成了两国人民死伤残废的共同命运，这一点既表明了我方态度，又容易触发对方的反思，战争不仅伤害了中国人民，也使得日本人民饱受痛苦，眼前的孤女就是铁证；最后归结，所有责任由日本军阀承担，归罪于日本军阀，就将日本普通军人从罪恶中隔开来，能引发他们的共情，从而让他们更容易接受我方观点。如何进一步与日方军人进行深入交流，达成一些共识？我们看信是怎么写下去的。

生：第二段是对第一段的阐释和深化。这一段里，多处使用四字句，骈散结合，如“彷徨无依，情殊可悯”“沦落异域，葬身沟罄”，体现了中国文字在表情达意时的独特魅力，暗示我们是礼仪之邦，不该受此污蔑和耻辱。第三段先说两国人民没有仇怨，制造战争的是日本军阀；日本人民因此背井离乡，触冒烽火，屠戮中国和平居民，造成无数人间惨剧；最后将这一切罪孽归结于日本军阀。

师：你不仅分析了句意的推进，还能从文字的角度感受中文的美好，很好。大家请继续。

生：第四段表明我方态度——坚持抗战是为了自卫，然后分析日本士兵参战是为军阀所胁迫，这些意思上面三段已经表达，这里重申，起到了收束和强调的作用。下文顺势提出“中日两国之士兵及人民应携起手来”，消灭罪恶的战争，争取两大民族的自由与幸福。否则两国人民皆有无尽苦难，日本士兵前途也不堪设想。

师：短短几百字，语意逐层递进，以浅近、雅洁的文言，站在国家和民族的立场上思考战争与人类的命运，最后又立足于当下日本士兵的道路选择，期盼“君等幡然觉醒，与中国士兵人民齐心合力，共谋解放”，可谓腾挪跌宕、起伏有致。这一段从理性分析到现实的审视，语意层层加深。回到本节课的开始，写信一定要有读者意识，达成交流效果，你们猜想一下：日本士兵或长官看信后会有什么反应？

生1：如果日本士兵没有放下屠刀，这封信不是白写了吗？

生2：课文提到日军接收了女孩后，给我方回信感谢了呀。

师：《左传》《战国策》里的确有凭口舌之能退师的人，如烛之武、华元、弦高，那是发生在特殊年代特殊情境中的故事。近现代社会，战争一旦发生，不可能靠一封信消弭灾难。但是，我们理解一封信的价值，不能因为它没有消除战争就否认它的意义，也不能高估它在人类反省自己命运过程中的作用。日本士官不会因为一封信立即放下屠刀，但是看到美穗子，他们肯定会想到她父母亲的死难，不免物伤其类，他们对八路军的善意也不会完全无动于衷。——善的根苗要从恶的土壤中生长出来，需要时间，需要风，还需要阳光和水分。聂荣臻选择将美穗子送回去，就是为了种下这善的根苗。课文介绍说，四十年后美穗子和听闻此事的日本人对聂荣臻表达了深深的感激之情，不就是善的根苗在生长吗？

生：所以这封信的末尾写道，如果士官能觉醒，“则日本幸甚，中国亦幸甚”，在血雨腥风之中，还有和煦的人性的光辉，还有对无辜的幼童的关爱。老师，你前面说过这只是大时代的小插曲。有时候，小插曲也会改写大时代的走向。我说得对吧？

师：你们说呢？

孟子的论证省略了什么？

——《人皆有不忍人之心》教学实录

四心与四端

生：老师，你老早就说过，要了解孟子的“仁政”思想，就要先理解孟子的“四端”，今天给我们讲讲吧。

师：孔子的思想核心是“仁”。孔子对“仁”有很多解释，如“克己复礼为仁”，如“仁者爱人”，如孔子一以贯之的“夫子之道，忠恕而已矣”。孟子对“仁”的解释是“不忍人”，即常怀着怜爱别人的心就是“仁”，“以不忍人之心行不忍人之政，治天下可运之掌上”——这就是孟子“仁政”思想的源头，治理天下，在他看来只是“掌上功夫”。

生：孟子将国家治理好了吗？

师：国君没有给他机会，这个问题我们不讨论。我们这节课只讨论“四端”。孟子认为，一个人，得有仁、义、礼、智的基本素养，即强调人要仁爱、忠信、遵守礼仪、具有清明的见识，这样才能超越生物学意义上的人，成为君子。

生：怎样练就仁、义、礼、智的本领呢？

师：孟子循循善诱，他告诉你，同情心是仁的开端，羞耻心是义的开端，谦让心是礼的开端，是非心是智的开端。这就是“四端”，“端”是开始、起点的意思。你问问你自己，你有同情心、羞耻心、谦让心、是非心吗？

生：老师你这一问，我还真蒙了。这“四心”，我有吗？我觉得我有，行吗？但真的审视我的内心，未必有呢。还有，即使我有，我的同学都有吗，所有的人都有吗？如果全天下的人都有这“四心”，我看天下也就不用治理了，不添乱就万事大吉了。

师：我们还是来看孟子怎么说：假如现在有人看到一个孩子在井边玩耍，要掉到井里去了，都会有惊恐、同情的心情——产生这样的同情心，并不是想借此同孩子的父母攀交情，也不是要在乡邻朋友中博取好的名声，更不是讨厌那孩子惊恐的哭叫声，那么同情心怎么来的呢？孟子得出了结论：人的内心深处，原本就有同情心。没有同情心的，就不是人。

生：有道理。不过孟子说不具有同情心就不是人，这种说法我还是有疑惑。譬如我看到小猫咪在雨里淋湿了，心里就特别难受，我是有同情心的吧。但是班长说：“走吧，走吧，你又不收养它，又不能解救它，就你那点妇人之仁，有个屁用。”我看班长就没有同情心，“非人也”。

师：班长只是批评你“口惠而实不至”，评判你的同情心没有解决问题，不能因此就认为班长没有同情心，对不对？

生：好吧。就算是这样，难道所有的人，只要是个人，就都有同情心？

师：孟子所谓的人，其实是他虚拟的未被世俗损伤、尚未失去本心的人，或者说，是指当得起“人”的称号的那种人，是“人”本来应该有的样子，并不是说当下的任何一个人都有“四心”。如果“四心”沦丧，孟子已经将这类家伙命名为“非人”了。

生：那就是说同情心是人应该有的本心，而非只要长得像个人就一定有同情心。——我怎么觉得这句话像是在骂人？

师：孟子一般不骂人，他只是喜欢说那些不符合他规范的某类人是禽兽。如他批评那些吃饱、穿暖、安居而不接受教育的人，和禽兽差不多。（《孟子·滕文公上》）杨朱墨翟，无父无君，就成了禽兽。（《孟子·滕文公下》）粗暴蛮横不知反省的狂人同禽兽没有区别。（《孟子·离娄下》）孟子说，人皆有恻隐之心，是说一个未失去本心的人，都有同情心；看到弱小者受伤害，就本能地揪心。我们在日常生活中看到有些人恃强凌弱、专横武断，这种人在孟子眼里，已经被排除在“人”这个概念之外了。

生：我明白了。我原来还为自己的同情心泛滥不好意思，我常常为风雨中没有母猫照顾而饿得皮包骨的小奶猫流泪，老师，我这种心理并非不正常吧？

师：单就同情心而言，这是宝贵的。孟子认为，这是“仁”的开端啊。将仁心转化为仁政，还有很长的路要走。如果仅仅停留在仁心的程度，常常陷溺于这种情绪里而没有一丝一毫的行动，这种同情心的意义也很有限。

孟子想说的到底是什么？

生：老师，所以孟子要强调“以不忍人之心行不忍人之政”，我理解了。有了这个发端，才有可能产生好的行为。人皆有“同情心”这点我懂了。但是“羞恶心”“辞让心”“是非心”也都是人的本心吗？孟子并未对此展开论证，他是不是有什么难言之隐？

师：确实。对于“四心”，孟子只对恻隐之心做了论证。有人认为“羞恶”“辞让”“是非”这“三心”都建立在“恻隐之心”基础上，有了第一个作为发端，后面的“三心”就被带动起来了。

生：老师，我觉得其他“三心”似乎更难证明呢。要不，老师带我们一起来证明？

师：好呀，我们先看一个例子。小朋友吃梨的时候，从一堆梨中选择个头大的，这是本能；但是，如果和哥哥一起吃梨，主动挑小的，将大的让给哥哥，表示对哥哥的尊重，这就是在克服个人的欲望，在往成为“人”的路上迈进。一般情况下，人们看到比自己弱小的，容易生出同情怜悯之心，这是近乎本能的行为；看到比自己尊长的，有一份礼敬之心，虽未必完全出自本能，却是成为“人”应该有的样子。这是孟子对人性的殷切期望。

生：老师，你论证得好辛苦，我就算你对吧。

师：你认真听课，积极思考，在课堂上与老师谈论复杂的人性问题，是多么好的学生啊。

生：老师，你为何突然表扬我？

师：只是举例而已，不要激动。如果你听老师讲一些复杂的问题就头晕，就趴在桌子上睡觉，到考试的时候，你又想得高分，后悔上课时没有重视，那我只能说你缺乏“羞恶之心”。常态下，有些人是脆弱的，懒散的，缺乏自我约束的。孟子说人本来就有“羞恶之心”，是希望人能够警惕起来，要认识到有些事看上去可以做，但做了是羞耻的。——这也是在鼓励人要成为“人”，有了“羞恶之心”，就是踏上了“人之路”，孟子说“义，人之路也”。孟子进而劝勉我们：放弃了正路不走，就丧失了人的善心。鸡和狗走失了，人还知道去寻找；善良之心丧失了，却不知道去寻找，这是多么可惜的事啊。

生：老师，“羞恶之心”“辞让之心”是义、礼的发端，是人行为、思想上的规范，孟子希望我们长存善心，我姑且相信老师替孟子补充出来的论证。至于“是非之心”，我无法相信这是人本来就有的，如果每个人都充满智慧，能辨别是非，老师你不就失业了吗？

师：这个问题问得好。这个世上最难回答的问题可能就是什么是对的，什么是错的。有些事情看上去是对的，其实是错的；有些事情看上去是错的——它真的是错的。区别是非，需要极高的智慧，需要丰富的人生阅历，需要包容万物的胸怀。“恻隐之心”接近本能，“辞让之心”和“羞恶之心”，稍加提点我们也能领悟。唯独这“是非之心”，可能人需要一辈子扩大视野，才能分清真正的是非呢。所以，我说你这问题问得好，你已经触碰了是非的按钮呢！

生：老师，你是不是间接告诉我，像我这类有悟性的学生，心存辨别是非的根苗，是离智慧最近的那些人呢？

师：你虽然抛开了“辞让之心”与“羞恶之心”，我还是要祝福你，请你让“是非之心”驱散生活中的蒙昧，见识更丰富的社会和人生。只有不断扩大自己的视野，拥有真正烛照万物的“是非之心”，才有机会接近事物的本真状态；也只有不断从仁、义、礼、智四个方面修炼自己，才有可能成为吞吐天下、具有浩然之气的“人”。

生：老师，仁、义、礼，更多指向内在的思想锤炼，约束外在的行为操守；智，则是为了更好地认识外部世界，进而改造世界。拥有了淳厚的“是非之心”，就是拥有一双清明的眼睛啊，在混沌的世界生存，还有比这更幸福的吗？

师：你嘚瑟吧。

聂赫留朵夫形象的意义在哪里？

——《复活》（节选）教学实录

“毁灭”与“复活”

师：我们在学习《雷雨》（节选）的时候讨论过周朴园的情感。

生：我记得老师说过，追问周朴园对侍萍的情感是真是假，意义有限；值得讨论的是周朴园的这份情感有没有价值。对了，老师你那时就说过要讲《复活》中的聂赫留朵夫。

师：我们今天就来学习《复活》（节选）。课文从多年以后聂赫留朵夫与玛丝洛娃的重逢开始写起。与《雷雨》情节类似，二者都是年少的情感故事在人到中年时的再度审视。人物如何对待自己的过往，如何审视自己的心灵发展历程，这些反省最能反映人物的本质。

生：作家常常通过人物的回看和省视来塑造人物复杂的心灵世界？

师：至少托尔斯泰是这样的。聂赫留朵夫和周朴园在见到旧情人时的表现明显不同，这两种不同的人格，也会引发我们对人性的深思。周朴园发现眼前的老妈子就是当年爱过的侍萍时，他的表现是这样的——

鲁侍萍：你自然想不到，侍萍的相貌有一天也会老得连你都不认识了。

周朴园：你——侍萍？（不觉地望望柜上的相片，又望侍萍）

鲁侍萍：朴园，你找侍萍吗？侍萍在这儿。

周朴园：（忽然严厉地）你来干什么？

生：他以前表现出来的温情脉脉，其实是对已逝时光的留恋，他心里只有自己。就算命运特别厚待侍萍，让她生活优渥，三十年后的侍萍即使不是今天老妈子的样子，也会让周朴园难以接纳，他的那份感情照样无处安放。

师：剧本也表达了这层意思。不过，曹禺强调的是周朴园自觉亏欠了侍萍，多年后重逢，周朴园第一感觉是严厉地追问“你来干什么”——这是最值得玩味的。

生：他为什么突然严厉起来？

师：他害怕往昔不体面的经历影响他现在的体面。一个老妈子出现在周公馆，大哭大闹说自己是老爷当年的情人，用今天的话说，这会让周朴园在一定程度上“社死”。这是在社会上体体面面的成功男人最不愿意看到的事情。所以，他的款款深情在与现实交锋时，马上就现了原形。他即使对往昔尚留存了一点温情，也是一钱不值的。

生：我明白了。那聂赫留朵夫呢？

师：我们看课文：

“对，我在做我该做的事，我在认罪。”聂赫留朵夫想。他一想到这里，眼泪就夺眶而出，喉咙也哽住了。他用手指抓住铁栅栏，说不下去，竭力控制住感情，免得哭出声来。

……

玛丝洛娃看到聂赫留朵夫激动的神气，认出他来了。

“您好像是……但我不敢认。”玛丝洛娃眼睛不看他，叫道。她那涨红的脸突然变得阴沉了。

“我来是要请求您饶恕。”聂赫留朵夫大声说……

……

“请您饶恕我，我在您面前是有罪的……”他又叫道。

生：聂赫留朵夫先认出了玛丝洛娃，主动到监狱中来探望她，他清醒地认识到自己过去的行为是有罪的，不管对方能否原谅他，聂赫留朵夫首先认识到自己罪孽深重。他不是为了心安来求她原谅，他是以余生的体面、尊严来洗刷当初的罪孽。

师：说得好，很少有人能这样做。聂赫留朵夫在俄罗斯贵族地主中也是难得的异类。俄罗斯许多老爷也和周朴园一样，早就将当初的罪孽忘得一干二净，甚至并不认为那是罪孽。在许多关键时刻，我们很难保证不犯错误，包括严重的错误。事隔多年，错误的后果呈现在自己面前时，周朴园选择了逃避，在这三十年中，他也许有过追悔、自责、怀念，但那不过是当他误以为被欺凌与被侮辱的对象已经死去、自身安全情况下的矫情。聂赫留朵夫这些年中也曾有过零碎的、片段的追悔，但当他目睹玛丝洛娃今日之惨遇时，他麻木的灵魂开始动摇，他忏悔的意识慢慢苏醒。这是《复活》最可贵的地方：总有一些灵魂，虽然在污水里泡过，但在自身的反省和淬砺中，触摸到最初生长时的纯洁，回到了富有生机的状态，能重新审视生活和情感的意义。《复活》讲述的是毁灭之后如何复活的故事，《雷雨》讲述的是毁灭之后极力逃避的故事。

“沉醉”与“纯净”

生：聂赫留朵夫后半生要付出的代价太大了，玛丝洛娃与他的差距这么大，即使他真的和玛丝洛娃结婚也未必能获得幸福。“复活”是针对“毁灭”的，老师，我想问：有没有可能避免这类“毁灭”式的悲剧呢？

师：聂赫留朵夫在姑妈家第一次见到玛丝洛娃时，两个青年男女自然吸引，是纯净的爱的萌芽，给彼此生命留下了十分纯美的记忆。托尔斯泰对此有详细的描写：“只要卡秋莎一走进房间，或者聂赫留朵夫老远看见她的白围裙，世间万物在他的眼睛里就仿佛变得光辉灿烂，一切事情就变得更有趣，更逗人喜爱，更有意思，生活也更加充满欢乐。”

这类有着美好开头的故事，其结局，或是有情人终成眷属，或是令人遗憾和感伤——比如我们读到的这两个故事，有一方被摧残和损害。你问有没有办法避免这类结局，我倒没有想过。

生：老师，我读了聂赫留朵夫的故事，心里感到巨大的冲击，托尔斯泰这个故事太沉重了。这个故事从情节的角度看，有没有另外的发展可能？

师：《复活》是托尔斯泰的老年之作，饱含了更凝练更深沉的人生思考。当然，我们也可以用自己的体验来重新构思这个故事。课文一开始，聂赫留朵夫去见玛丝洛娃，对方毫无感觉，这个贵族老爷却不停地流泪和哽咽，他沉痛地认识到了自己的罪孽，他是多么残忍地毁灭了一个美好、纯洁、善良的姑娘。但是，聂赫留朵夫并非天生的恶棍。十九岁时，“在他的心目中，只有妻子才是女人。凡是不能成为他妻子的女人都不是女人，而只是人”。那时，他是多么尊重女性，多么洁身自好。可是三年后重新见到玛丝洛娃时，他只剩下本能。他亲手葬送了最纯美的情感。

如果他“发乎情，止乎礼”，自我约束，如果他将玛丝洛娃当作值得尊重的姊妹，只在一起追逐打闹，互生好感，保持纯净的少男少女之间的情感；多年以后重逢，不管各自的生活轨迹如何，那一段青春的记忆将成为岁月的醇酒。

生：但仅仅是这样的关系，《复活》能成为巨著吗？那不就是一篇清浅的、弥散着淡淡感伤味道的散文了？

师：说得好。人生的轨迹不是人自身能完全设计好的。聂赫留朵夫如果一直保持着纯洁生活的理想，抵抗身边的污浊侵蚀，体谅、爱惜玛丝洛娃的情感，多年以后，他就是一位温柔典雅、让人尊重和爱戴的老爷。他需要和内心的欲望斗争，他需要每走一步都小心翼翼，为每一份感情负责。

但是，人很难做到不受诱惑，尤其是青春岁月懵懂无知的时候。小说花了很多笔墨写这两个年轻人在情感和欲望面前的小心试探。要知道，总有人会不小心跌进情感和欲望的沟壑。托尔斯泰要写的不是人一辈子的清清白白——那很美好，也很单纯；他要写的是人在掉落之后的痛苦挣扎与复苏。

生：看课文中聂赫留朵夫的内心独白，我总是替他难受。我宁愿单纯地度过自己的青春时光，免得人到中年像他那样心灵遭受切割般的痛楚。

师：你当然可以这样选择。现实生活中，我祝愿大家一生坦荡如砥、幸福安宁。可是阅读文学作品，在观看他人的悲剧时，我们要看的不是悲剧如何避免，而是人性在不同境况下表现出来的千姿百态——有时纯洁无瑕，有时黑暗阴郁，有时放浪纵恣，有时掀起内心的狂涛要拯救整个世界，有时心灰意懒龟缩在冰冷幽暗的角落怀疑人生。我能告诉你的是，你有选择的权利，但你未必有选择的能力。人，总是被不可知的力量推到不可知的前方，这是因为人不是设计好的程序。

生：老师，沉醉在情感和欲望中，到头来逃脱不了与灵魂的对视；有保持纯净的愿望是好事，即使能真的保持纯净，一辈子也未免太简单乏味。唉，我好难选择。

师：我们能做的事是好好地、踏实地生活。能否避免悲剧是现实生活中应该考虑的问题，不是文学范畴的问题。文学的任务是揭示各种生存状态，描摹各种情感方式，刻画各色人等在命运变化面前表现出的人性的丰富与深刻，文学是生长在肥沃的痛苦土壤上的凄凉美艳之花。

坚持正义，是人应当做的事

——《人应当坚持正义》教学实录

“道义”比生命更贵重

师：今天我们讲苏格拉底之死的片段。你们查阅了资料，了解苏格拉底为何被判死刑吗？

生：苏格拉底的思想在雅典青年人中引起强烈反响。公元前399年，有人控告70岁的苏格拉底犯有“另立新神”“惑乱青年”的罪行，将他送上了被告席。苏格拉底在法庭上申辩自己无罪。他生性高傲，在法庭上丝毫不让步，激怒了审判者。结果，陪审团500人中有288（一说为280）票通过他有罪的判决。

师：我们看课文下面的注释，苏格拉底被判决之后发生了什么？

生：苏格拉底的朋友格黎东一早就来到囚禁苏格拉底的狱所，苦劝苏格拉底逃走，并提出三个理由：第一，作为苏格拉底的朋友，他们不用花多少钱就能救其出狱，在这种情况下，即使苏格拉底是自己甘愿服从法律，但在不知情的外人来看，大多数人都会认为是他的朋友未尽心尽力解救他；第二，即使离开雅典，还有很多地方、很多朋友会欢迎苏格拉底的到来；第三，甘愿服刑的做法不仅伤害了朋友，满足了仇人，还遗弃了子女，未能尽到为人父母的责任。

师：苏格拉底为什么不接受格黎东的劝告逃走？这是我们理解课文《人应当坚持正义》的起点。我想先说一个简单的故事。有一次我骑自行车，在一个丁字路口，前面有红灯，我是直行，我认为丁字路口非机动车靠边可以直行，不料警察拦住我，按交通违规处罚我，并告诉我，附近有一个小区的出口，这个路口其实不是丁字路口，而是斜错开的十字路口。警察开罚单时路口还是红灯，仍然有人骑行过去了。我说：你为什么不处罚他们，只处罚我？

生：老师，你居然不遵守交通法规？

师：你听明白没有？我至多是因误解而违规。我问的是在众多违规的骑行者中警察为什么选择性执法。

生：老师，你还是错了。只要你违规，警察就有权处罚你。

师：对了。这就是我希望你说出来的话。别人违规不是你可以违规的理由，你必须为你的错误行为买单。至于别人犯错误警察如何处置，或者路口标志应更明确，那是另外的事。我们要知道：建设健康的社会，每个公民都必须遵守秩序。

生：老师还跟我们说过，过马路时见到别人闯红灯时我们可不要跟随，因为做正确的事是自尊自爱的行为。不要借口周围的人如何慵懒、自私，从而自己苟且、懒惰。——人家怎么做是人家的事，我们先要做好自己，做正确的事。

师：还记得我说的话，算我没有白说。人们确实有从众的心理——尤其是这样做对自己有利时——心里知道是非，行动时还是在公理正义面前闭上了双眼。

再看苏格拉底。他即将被执行死刑，有朋友来救援，面临这样宝贵的机会，他是怎么想的，怎么做的？——我们的脑海里不免会冒出这样的名言：“留得青山在，不怕没柴烧。”“大丈夫能屈能伸。”“好汉不吃眼前亏。”……

生：老师，我们的传世名言难道没有道理？

师：当然有道理，但每个名句都是有具体情境的，如“留得青山在”是等待将来发展强大，“能屈能伸”是忍耻包容不硬扛，“不吃眼前亏”是知进退不莽撞。我们不能借彼时饱含人生智慧之名句，作为此时苟且偷生行径的托词。

格黎东受大家委托，买通狱卒帮助苏格拉底越狱，并陈述了大家提出的三条劝诫理由。苏格拉底是怎样回应的？

生：他的主要观点是：“我们不必尊重人们的一切意见，有些意见要重视，有些就没有必要，也不必听从所有人的意见，有些人的要听，有些人的不必听。”——这不是很简单的道理吗？没有啥难度呀。

师：且慢。继续往下看。他是想借此引导格黎东自己得出一个观点。他提供了一个例子。

生：对。他说，一个从事体育锻炼并且以此为业的人，不应重视一般人的意见，而应听从医生或教练的意见，即我们应听从内行而不是外行的意见。

师：这也不是多深刻的道理，韩愈就表达过类似的观点，要听意见和建议，请找行家里手，而不要“借听于聋，求道于盲”。苏格拉底的真实意图到底是什么，我们读书，一定要顺着作者的思路追问。

生：老师，我似乎明白了：苏格拉底不接受格黎东带来的众人劝他越狱的三条理由，他的意思是，一个高尚的人，只能听从深知什么是道义和不义的人的说法，也就是只能听从真理本身。——我知道苏格拉底的宝贵了。面临死亡，他本可以逃脱，却安然承受、泰然处之，他还在对格黎东循循善诱。

师：是的，因为他认为，“道义”比身体更贵重，身体尚且不能因为听从外行人的意见而被毁坏，那么比身体更重要的道义、真理就更不能因听从众人的说法而被毁坏，所以，人唯一要听从的是真理。

如何面对有瑕疵的规则

生：老师，我明白了苏格拉底不接受格黎东劝说的理由。他面临死亡，毫不畏惧，因为在他看来，追求活着是人的原始本能，但比活着更重要的是“活得好”，即活得符合道义。不过，有一点我还是不太明白，雅典城邦以死刑处置城邦最优秀的人，难道不是审判制度出了问题吗？一个洞察一切的智者，还要遵守错误的或者说至少是有瑕疵的规则吗？

师：你提的这个问题非常好。这个问题，人类几千年来都在争论。一个未必正确的判决，我们也要承受吗？

生：老师，我们难道不应该先去修订规则？

师：一个健康运行的社会，遵守规则是一条铁律。严格地说，不管什么规则，都很难适用于任何时空；或者说，规则的制定依照的是公众行为的最大公约数。生活中永远有超出规则之外，在一定程度上合乎情理的行为，但不能因此就否定规则。人类在遵循规则、实施规则的过程中，总是在不断地发现这个世界潜藏的规律，不断地纠偏、矫正和完善规则。在新的规则成型之前，必须遵守现行规则，这样才能保证社会秩序。修订规则应建立在人们发现现行规则累积了一定量的瑕疵的基础上，而不是因为某个个体觉得规则不适合自己，就简单粗暴地破坏规则。

生：老师，苏格拉底认为规则必须建立在道义之上，符合道义的规则必须遵守。那苏格拉底与雅典统治者之间的矛盾到底在哪里？我看到有的材料说到苏格拉底反对民主制？

师：苏格拉底所处的时代，一开始寡头政治取代了民主政体，民众怀念雅典民主制，但将民主制简单理解为严格遵循“少数服从多数”的原则，苏格拉底认为这种民众自治的民主缺乏是非善恶判断。后来掌权的民主者以民众利益维护者身份自居，煽动民众情绪，操控民意。——苏格拉底反对的是这种被操控的民主制，即“非正义的民主制”和“庸众的暴政”。苏格拉底认为，真正的民主应受省察和制约，应合乎正义，他倡导“智者统治”式民主。所以，统治者给他判定了“不敬神明”的罪名。对苏格拉底进行审判，判其死刑在程序上是合乎他认同的规则的。当时雅典城邦最重要的是重建规则、奠定秩序，恢复真正的民主，这是苏格拉底信奉和追求的。此时他如果越狱逃跑，或者采取其他手段保全性命，就是对规则的破坏，所以他甘愿受死，悲剧于是就发生了。

生：热爱民主制的智者，被雅典法庭以“不敬神明”的罪名判处死刑；被判死刑的人将道义与规则看得高于一切，绝不苟且，以身赴死。老师，这太悲壮了。

师：让我们记住苏格拉底的主张：活着很重要，好好地活着，符合道义、充满智慧、高尚地活着，更重要。在苏格拉底饮下毒酒的那一瞬间，也许他是这样想的：我是雅典青年的朋友和老师，我毕生的精力就在于唤醒青年去改造社会，让雅典重新建立真正的民主制。眼下，青年和社会都在歧途上徘徊，“民主”政体判我死刑，我意欲启蒙的青年参与了判我死刑的投票。我要完成的事业才刚刚开始，与愚昧斗争一直是人类最痛苦、最漫长的征程。遵守判决是我经过深思熟虑的选择，我理解格黎东及各位朋友营救我的善意，但我不能按照他们的意见去做；相反，我要劝告格黎东并通过格黎东告诉雅典青年：你们终有一天知道，我今天的做法是正确的，我的赴死是有意义的，因为，人应当坚持正义。

死亡也是一次布道，而且是一次影响深远的布道。

插图的不同味道

——“苦难与新生”单元教学实录

起隐喻作用的插图

师：“苦难与新生”单元（选择性必修中册第二单元）包括鲁迅的两篇文章《记念刘和珍君》和《为了忘却的记念》、夏衍的《包身工》、孙犁的《荷花淀》、赵树理的《小二黑结婚》（节选）和王愿坚的《党费》。除了《包身工》，其他都有插图。

生：老师要跟我们聊插图吗？我过去没注意过这里的插图。

师：中国过去的小说一般是有插图的，那时是石印本，绘图、印刷都很精致，插图基本是木刻版画。我国研究插图的重要著作有郑振铎的《中国版画史图录》，收录的主要是小说、戏曲的插图。如果过去没仔细看过，现在就来看看《为了忘却的记念》中的插图——珂勒惠支的版画《牺牲》吧。

牺牲（木刻）　［德］珂勒惠支　作

生：老师，课文下面注释说她是德国的版画家，“左联”五烈士遇害时，她还和一些文艺家联名提出抗议，她和鲁迅先生是同时代的人，他们有过交往吗？

师：珂勒惠支是一个有使命感、有良知的艺术家。鲁迅说她“不但为周围的悲惨生活抗争，对于中国也没有像中国对于她那样的冷淡”，并第一个将她介绍到中国。他们没有直接交往，但是珂勒惠支曾在给美国记者史沫特莱的信中，请史沫特莱转达她对鲁迅的问候。

生：这幅画好阴郁啊！

师：珂勒惠支的儿子死在战场上，后来她的孙子也死在战场上。她创作了许多悲伤的母亲的形象。《牺牲》是《战争》七幅画之一，鲁迅称其饱含“强有力的，无不包罗的母性”。罗曼·罗兰说：“珂勒惠支的作品是现代德国的最伟大的诗歌，它照出穷人与平民的困苦和悲痛。”她善于运用粗重的线条和强烈的明暗对比，集中表现人物的精神状态、情绪和气氛。我们注意看画面中母亲和儿子的形象。

生：母亲和儿子是白的，但背后衬着一块黑，黑色之外又有一圈白，白圈的外围又是黑的，这种圈状的画法很有意思，我们不得不把感情和注意力放在人物身上。她要表现什么呢？

师：画面是母亲把孩子奉献出来，作“牺牲”品。这两个人物都是裸体的，线条原始粗犷，这种原始色调，是西方现代美术自高更以来极为重视的艺术手法——高更就是大家熟悉的《月亮与六便士》里的男主人公的原型。珂勒惠支的作品并非对现实的模拟，而是通过扭曲现实，表现内心激烈的情绪。20世纪30年代，中国文艺界比较推崇先锋意识和创新精神，对西方新兴艺术中那些“刚健质朴”的创造则关注较少。鲁迅在《为了忘却的记念》里说，他和柔石等人设立“朝华社”，目的是“输入外国的版画，因为我们都以为应该来扶植一点刚健质朴的文艺”，其中就有不少珂勒惠支的画。

生：珂勒惠支这幅画可能与她的经历有关，也可能更广泛地表达了战乱给平民带来的灾难。鲁迅在文章中两次提及柔石与版画的关系，教材配上《牺牲》插图，编者肯定是有用意的。课文中鲁迅写道：“当《北斗》创刊时，我就想写一点关于柔石的文章，然而不能够，只得选了一幅珂勒惠支夫人的木刻，名曰《牺牲》，是一个母亲悲哀地献出她的儿子去的，算是只有我一个人心里知道的柔石的记念。”鲁迅似乎藏住了一些话，没有说出来。

师：你的感觉很好。“左联”五烈士牺牲时，当时的媒体不敢报道，鲁迅默默用这幅画表示对亡友的纪念。一直到1936年4月4日，鲁迅对此事还念念不忘：

> 一九三一年——我忘了月份了——创刊不久便被禁止的杂志《北斗》第一本上，有一幅木刻画，是一个母亲，悲哀的闭了眼睛，交出她的孩子去。……
>
> 这幅木刻是我寄去的，算是柔石遇害的纪念。他是我的学生和朋友……然而不知道为了什么，突然被捕了，不久就在龙华和别的五个青年作家同时枪毙。当时的报章上毫无记载，大约是不敢，也不能记载，然而许多人都明白他不在人间了，因为这是常有的事。只有他那双目失明的母亲，我知道她一定还以为她的爱子仍在上海翻译和校

对。偶然看到德国书店的目录上有这幅《牺牲》，便将它投寄《北斗》了，算是我的无言的纪念。

这一年的10月19日，鲁迅辞世。

生：老师，我懂了，一个罪恶的时代，先行者被剿灭，同道者无限悲愤，而这悲愤无法用文字公开表达，先生就用这幅悲哀的画，寄寓了对柔石深深的叹惋和敬仰之情。

师：是的，文字无以表达，插图充分揭示了语言未曾涉及的部分，这就是插图的作用。当时鲁迅用的是隐喻，今天教材的编者在《为了忘却的记念》中配发这幅图，让我们联想到柔石母亲强烈的丧子之痛，对鲁迅在柔石惨遭杀害后的悲愤之情也有了更深的体会。

与文字相得益彰的插图

生：文学作品的插图除了老师说的隐喻意义，一般情况是怎样的？

师：无论文学作品还是科学论文或者说明性文章，插图与文字最好的关系是图文互证。文学作品大都选取具有典型意义的情、景、人物形象以及帮助读者加深对作品内容理解的图画。当然，不同的插图作者对作品的理解和选择是有差异的。《小二黑结婚》发表之初，小说反响很大，罗工柳、张映雪、贺友直等多位画家都为之画了插图。贺友直一画再画，画了几十年，风格也在不断变化。教材上选的是丁聪的插图，我们看看另外几位画家的插图吧。

《小二黑结婚》插图　丁聪　作

生：丁聪的插图重点似乎在勾画人物的精神状态，罗工柳的插图除了人物还关注场景，如窑洞、五角星、窗格、粗笨的桌凳，充满乡土气息。

师：针对同一部作品，不同画家笔下的人物虽然具有共同特征，但罗工柳的人物更朴实、更写实，丁聪则多一些变形和夸张，有点漫画风。与罗工柳同龄的张映雪给《小二黑结婚》画过连环画。张映雪这幅画刻画了三仙姑的神婆特征，如供奉的神坛、幛幔、蜡烛、香炉，再现了人物的生存环境。三仙姑曾是前后庄第一个俊俏的媳妇，但她好逸恶劳，逐渐成了一个装神弄鬼的神婆。赵树理描写她虽然已四十五岁，小鞋上仍要绣花，裤腿上仍要镶边，每天都要涂脂抹粉，打扮一番，这幅画正好表现了她揽镜自照的一瞬间，体现了插图选材的准确性和典型性。

《小二黑结婚》插图　罗工柳　作

《小二黑结婚》插图　张映雪　作

生：爱美不是坏事吧？赵树理是不是自己思想太封建了？

师：重点不在这里。但是我还是愿意回答你的疑问。生活中有这样的女性——在今天，这确实属于她的个人选择，无可厚非。小说中三仙姑是一个装神弄鬼、不愿参加劳动的人，她不仅忌妒女儿小芹未来的幸福婚姻，还贪财出卖女儿。无论从旧道德还是新道德来看，这种侵害他人幸福的自私行为都是不能原谅的。赵树理当时塑造这个人物另有意图，他意在揭示一些农民精神的落后、陈腐，从而推进移风易俗。说到这里，我们不能不提另一位为《小二黑结婚》画插图的画家贺友直。

生：我听说贺友直最爱画的人物就是三仙姑，而不是小芹和小二黑。

师：是吗？我没听说过。不过贺友直在半个世纪里画过五种版本的《小二黑结婚》，早年可能更多从政治层面上对作品进行演绎，后来更多从艺术性和自身感悟的角度诠释这部经典，创作中更放松、更随意、更生动诙谐。贺友直非常喜欢赵树理的这部作品，喜欢的是作品的叙事趣味——这里面的人物非一时一地所独有，其他时代、其他地方仍然会有这些人的影子——所以他通过一次次绘画不断重新解读这部经典作品。有兴趣的同学课后不妨看看《小二黑结婚（五绘本）》（赵树理著，贺友直绘，上海人民美术出版社2017年版）。这里我们看三幅画，一幅是小芹和小二黑在一起聊天的场景，色彩鲜润，画面温馨，黄土高原的特色淡化了。——只要符合作品的内在逻辑发展，有助于作品主题的深化，也是可以的。一幅是三仙姑，请注意看她裤脚的镶边、鞋子上的花饰，还有扭动的身姿，最要细看的是镜中人的脸——很不年轻的脸上涂满了胭脂。任何人在任何年龄爱美都绝非坏事，但须得体，错位的爱美在他人眼里就是一个笑话了。这幅画将三仙姑的喜剧外表暗暗涂上了悲剧色调。还有一幅是近年的作品，人物完全写意化，笔触简约、凝练，与原著的讽刺意味相去甚远。这种插画与原著的写作意图保持着一定距离，但与原著的叙事风格还是非常吻合的。

小芹与小二黑　《小二黑结婚》年画版

三仙姑　《小二黑结婚》年画版

三仙姑上区　《小二黑结婚》水墨漫画写意版

生：老师说的这些插图，有的重在写意，有的重在写实；有的凸显时代特征和作者的写作目的，有的更关注作品的语言风格和人物身上的趣味。无论哪一种画法，都要选取典型的场景和动作，帮助读者深入理解作品。课本上还有几幅插图呢，老师也说说吧。

师：好的。课本上还有蒋德舜为《荷花淀》画的插图，蒋德舜原来是一名美术老师，后来调到人民教育出版社，为教材绘制了许多精美的插图。这幅画就很好地体现了水乡特色，荷叶占了整个画面的主体，战争则以炸毁后沉没的敌船来表示，与孙犁的叙事风格一致：画面清新淡雅，充满诗情画意。桑麟康为《党费》作的插图，人物形象鲜明，程平的坚毅，黄新的美丽、镇静，哪怕是小姑娘妞儿，圆润的脸上也显示出深邃的眼神，表现了特定年代人物的精神风貌，作为背景的青松更具时代特色。

《荷花淀》插图　蒋德舜　作

《党费》插图　桑麟康　作

“迷娘”之谜

——《迷娘》（之一）教学实录

美妙的音译及意象的作用

师：有些诗歌，未解其意，但是语词和音律就让人神往。

生：老师举例说说。

师：譬如说杜甫的“香稻啄余鹦鹉粒，碧梧栖老凤凰枝”，李商隐的“星沉海底当窗见，雨过河源隔座看”“沧海月明珠有泪，蓝田日暖玉生烟”，这些意象的堆叠，我们还没有清晰地理解就似乎已经被它打动了。

生：我还是不太懂。

师：不太懂就对了。我说的不是诗句的深刻内涵，而是瑰丽的意象给人造成的视觉冲击。在诗歌翻译中，精彩的对译也能获得这种效果。譬如将诗人拜伦翻译成“白衣龙”，将佛罗伦萨翻译成“翡冷翠”，这些人名地名，单是语词的组合就让人憧憬起来。

生：老师干吗说这个？

师：我们今天学习的《迷娘》（之一）也是这样啊。马君武最早将这首诗翻译到中国，就将诗题“Mignon”（意为宠儿、心爱的人、情人）音译作“米丽容歌”，虽然“迷娘”并非“令人着迷的姑娘”，但语词的字面似乎暗示了诗歌浪漫的内容，而“米丽容歌”就完全没有这种效果。汉字的这种临时性组合也能产生奇异的审美效果，就像看到一个诗人的名字叫“白衣龙”，读者不免对他产生灵动飘逸的印象一样。

生：老师说的这个现象我也关注到了。诗中的“桃金娘静立，月桂梢头高昂”，意象优美。桃金娘的别称有稔子树、乌肚子等，如果译成“乌肚子静静伫立”，美感就大打折扣。尽管我们对于桃金娘这种植物也不熟悉，但是，单这三个字就让人遐思起来。不过，这难道仅仅是译音的问题吗？

师：当然不止于此。诗歌中的意象多由许多名词性的概念表达，但是这个概念的运用特别有讲究，即缩小每个概念的外延，直至我们可以直接感知为止。——不需要精微的分析，不需要繁琐的思考，诗歌中一些词语、概念形成了意象，在我们阅读的瞬间，就在我们脑海里形成了画面。如在名词前面加上形容词，形容词缩小了名词指代的概念的范围，使名词概念最大程度接近感觉本身。如本诗中“蓝天上送来宜人的和风，桃金娘静立，月桂梢头高昂”，用少数几个概念，就让人想象出意大利的宜人气候。叔本华说，我们内心的节奏好像能和诗歌的韵律呼应，韵律一方面是保持我们注意力的工具，让我们欣然随着诗章走；另一方面又在我们心中产生自然的相应，对所读的东西不经任何判断就产生共鸣，这给诗章一种惊人的说服力，这是一种与一切理性无关的说服力。

生：老师是说杜甫、李商隐、歌德的诗句在意象的经营上都有这种“不经任何判断就产生共鸣”的效果？但恕我愚钝，我还没有完全体会到呢。

师：欣赏诗歌本来就需要较高的审美能力，需要对语词、意象的高度敏感。马克思说：“对于没有音乐感的耳朵来说，最美的音乐也毫无意义。”同理，最好的诗歌，对于没有欣赏能力的人来说也只是一些分行的文字。所以，我们要多读一些美好的诗歌，慢慢浸润其中，让自己的心灵与诗歌的境界逐渐接近。

生：老师的意思是说欣赏诗歌的主要目的是激活我们的审美感官和审美心理，而不是简单地揭示其含义。如果欣赏《迷娘》（之一）只是理解其表现了歌德对意大利的向往，对自由生活的追求，读这首诗还有意思吗?

师：不能说完全没有，但这不是诗歌的精髓。诗歌的精髓是它在你面前展开了贴切的意象，激活了你的生活体验，让你灵魂中最强烈的感受、渴望、念头瞬间被唤醒、被印证、被强化，从而获得审美和精神上的快感。就像你听不懂鸟的语言但你知道鸟声好听，你听得懂许多人话却觉得人话十分无趣乏味一样。

生：诗歌表面的语言表达了什么，真实的含蕴是什么，我们也要知道。不然，我们只是有一种阅读的审美直觉，还是不能真正体会到诗歌的妙处。

师：那是当然。我们先朗诵这首短诗。

我们终究要懂得迷娘的内涵

师：结合课文下面的注释，根据自己查阅的资料，分享一下“迷娘”的故事吧。

生：迷娘是歌德长篇小说《威廉·迈斯特的学习时代》中一个意大利少女。她早年被人拐到德国，流落到马戏班中，备受虐待，十三岁被威廉搭救。在威廉的保护和养育下，迷娘逐渐长成为可爱的少女，但对自己朦胧记忆里的祖国意大利，仍怀着深深的思念和渴慕。小说中，迷娘唱过四首述说自己不幸身世和忧伤心情的歌，课文就是其中最脍炙人口的一首。

师：《迷娘》（之一）是长篇小说中的一首诗。我们来看看这首小诗出现之前的片段吧：

一种暗自滋长着的爱情，一种偷偷巩固了的忠诚，一旦终于被那个迄今还无缘享有它的人所体察、所发现，那真是再动人不过的啦。那久久紧闭着的蓓蕾成熟了，威廉的心也一下变得敏感得不能再敏感。

迷娘站在他跟前，注视着他的不安。

……

她瞅着他泪光闪闪的眼睛，猛地跪倒在他面前。他仍然拉着她的手，她把脑袋枕在他的膝头上，静悄悄地待着。他抚弄着她的头发，态度和蔼温柔。迷娘久久没有动弹。过了好一会儿，他终于感到她像是在抽搐，开始时很轻微很轻微，渐渐却传遍了全身。

“怎么啦，迷娘？”他叫起来，“你怎么啦？”

迷娘抬起小小的脑袋，望着他，突然用手按住心口，就像是忍受着痛楚似的。他扶起她，她倒在他的怀里……

“我的孩子！”威廉大叫，同时抱起她来紧紧搂着，“我的孩子，你怎么啦？”

……

“我的父亲！”她叫道，“你要真的不离开我哟！你要真的做我的父亲！我是你的孩子啊！”

这当儿，门外响起了竖琴的弹奏；老歌手已带着自己最心爱的曲子，来为他的朋友晚上消遣来了……

生：动人心魄。这首小诗难道写的是威廉的和迷娘的爱情？

师：并非情诗。表面写迷娘想念着故乡，恋慕着威廉；实际借威廉呵护迷娘，写诗人对迷娘故乡意大利的向往。

生：怎么读出来的？

师："那柠檬花开的地方，茂密的绿叶中，橙子金黄，蓝天上送来宜人的和风"，柠檬可是意大利的特产。第一节以迷娘之口，运用"柠檬花""绿叶""橙子""蓝天""和风"诸多意象的组合，描摹了意大利的美丽风光。最后一句"爱人啊，随你前往！"表达了迷娘的愿望——愿与情人威廉一起返回故乡。

第二节，迷娘回忆了家乡的房子，"圆柱成行，厅堂辉煌，居室宽敞明亮"，还有"大理石立像"，这些典型的意大利风物，与古希腊、古罗马文化息息相关。雕像问迷娘："人们把你怎么了，可怜的姑娘？"突显了迷娘命运的不幸。

第三节"云径和山冈""危崖欲坠，瀑布奔忙"，暗示了横亘在德国与意大利之间的阿尔卑斯山。意大利作为欧洲近代文化的发祥地，在14至16世纪文艺复兴以后，成为欧洲诗人、学者的精神故乡。歌德从童年时代起便对意大利十分向往。写作这首小诗之时，诗人屈居魏玛公国已近十年，精神委顿，灵感丧失，情感枯竭，于是他更加渴望去"柠檬花开的地方"呼吸清新的空气。

诗中每个小节反复出现的"前往"，既可以理解为迷娘渴望与威廉一起回到故乡，也可以理解为歌德对意大利自由精神的向往。这种呼号式的重复，透露了抒情主人公的情感强烈到了难以自持的境界。

生：老师，这首小诗如果不放在小说里，仅凭美丽的意象，我们也能感受其难言的美妙，但可能错会了歌德的真正意思。如果我们了解诗歌在小说中的位置和歌德写作时的心境，才有可能欣赏歌德的《迷娘》（之一）。

师：你说到了文学鉴赏中的一个常见的现象：作者之用心未必然，而读者之用心未必不然。我们可以从《迷娘》（之一）中读到强烈而无望的爱情，或者其他什么感情。这些未必是歌德原诗的意思，读者可以在阅读中生发自己的独特感受。但是，进行审美鉴赏，我们至少应知道作者到底说了什么，因何这样说，然后讨论自己的个性化的感受。

生：可是老师，我太想知道威廉·迈斯特与迷娘之间发生了怎样的故事。她称他为“爱人”“恩人”“父亲”，这是一种复杂而绝望的爱情吗？老师刚才读给我们听的小说中的那一小节，让我心潮澎湃，我对德国文学都快产生兴趣了。

师：你去读四十万字的《威廉·迈斯特的学习时代》吧。我要给大家布置另一项任务：本诗最早的译者是马君武，教材提供的是杨武能译本。郭沫若、郁达夫、冯至、梁宗岱、钱春绮等大家都曾翻译过此诗，郭沫若还以不同的语言风格翻译过两次，足见20世纪中国诗人、翻译家对这首诗的深深喜爱。请课后对比不同译文，看不同的译者是怎样传达他对这首诗的独特理解的。